Karl Schulz

Das Erstarken des deutschen Sprachgeistes und die Sprachwissenschaft

Zeitfragen des christlichen Volkslebens

Karl Schulz

Das Erstarken des deutschen Sprachgeistes und die Sprachwissenschaft
Zeitfragen des christlichen Volkslebens

ISBN/EAN: 9783742896094

Hergestellt in Europa, USA, Kanada, Australien, Japan

Cover: Foto ©berggeist007 / pixelio.de

Manufactured and distributed by brebook publishing software (www.brebook.com)

Karl Schulz

Das Erstarken des deutschen Sprachgeistes und die Sprachwissenschaft

Zeitfragen des christlichen Volkslebens.

Band XIV. Heft 8.

Das Erstarken des deutschen Sprachgeistes

und

die Sprachwissenschaft.

von

Karl Schulz.

Heilbronn.
Verlag von Gebr. Henninger.
1889.

Alle Rechte vorbehalten.

1. Der dunkle Drang.

Der deutsche Sprachgeist ist erwacht. Die Fremdwörterherrschaft, unter der das deutsche Denken lange Zeit gestanden hat, ohne den Druck derselben zu merken, ist als lästige Fessel empfunden worden. Dies hat den Wunsch rege gemacht, die Fessel, die mehr und mehr auch als eine schmachvolle empfunden wurde, abzustreifen. So ist der deutsche Sprachgeist, nachdem er einmal erwacht ist, jetzt fort und fort im Erstarken.

Zwar üben von den fremden Wörtern noch sehr viele eine zwingende Gewalt aus auf das deutsche Denken, das sich ihnen oft beim besten Willen nicht zu entziehen vermag. Und noch herrscht bei vielen Gebildeten und Halbgebildeten sogar eine Vorliebe für Wörter, die sich ihren Ohren schon durch ihren fremden Klang empfehlen und ihnen vornehmer klingen als die entsprechenden schlichten deutschen Wörter. Noch wird von solchen Wörtern oft ein lächerlicher, abgeschmackter, wenn nicht gar alberner Gebrauch gemacht. Noch zeigt sich oft, daß dem schlichten Deutschen solche vornehm klingenden Wörter völlig unverständlich sind, daß er sie entweder ganz überhört oder falsch hört, falsch auffaßt, falsch wiedergiebt, oder daß er, wenn er sie lesen soll, sie kaum buchstabiren, geschweige lesen kann. Noch hat der, welcher für seine Person sich dem Banne der Fremdwörter zu entziehen sucht, viel Gelegenheit, mit Beschämung wahrzunehmen, wie ungebrochen doch in weiten Kreisen die Macht der Fremdwörterherrschaft ist, und den brennenden Wunsch in sich rege werden zu lassen, daß das Werk der Befreiung, das bereits in Angriff genommen worden ist, einen recht erfolgreichen Fortgang haben möge.

Und doch kann kein Zweifel daran sein, daß der deutsche Sprachgeist im Erstarken ist.

Viele von den Gebildeten aller Berufe und Lebensstellungen sind jetzt wenigstens geneigt, sich die Anregung zum Gebrauche deutscher Wörter anstatt der Fremdwörter gefallen zu lassen. Sie halten wenigstens Stand, wenn man mit ihnen darüber redet.

Sie sind eigentlich schon von vornherein damit einverstanden, denn der deutsche Sprachgeist ist ihnen schon erwacht. Schon haben sie die fremden Wörter, die ihnen noch ganz geläufig über die Lippen gingen, als etwas Fremdes zu fühlen angefangen, schon macht es ihnen gewissermaßen Freude, sie zu vermeiden und an ihrer Stelle sich deutscher Ausdrücke zu bedienen. Es ist ihnen bisher nur noch nicht zum Bedürfniß geworden, in diesem Sinne auf Andere einzuwirken. Sie lassen aber gern darüber mit sich reden.

Ich habe in dieser Beziehung bei meinen Bestrebungen, für den Allgemeinen deutschen Sprachverein zu werben, die erfreulichsten Erfahrungen gemacht. Ich habe viel Entgegenkommen gefunden. Wer dem Verein nicht beitreten wollte, war meist nicht seinen Bestrebungen abhold, sondern wollte nur nicht die Zahl der Vereine, denen er schon angehörte, vermehren. Daher konnte ich schon im Oktober des Jahres 1887 auf der Hauptversammlung zu Dresden aus Erfahrung das Wort aussprechen: „Derer, die für uns sind, ist mehr denn derer, die wider uns sind. Nur sind nicht alle mit uns, die für uns sind."

Dabei ist es bemerkenswerth, daß gerade diejenigen, die in ihrem Berufsleben sich an einen viel mit Fremdwörtern durchsetzten Sprachgebrauch gewöhnt hatten, Verwaltungsbeamte, Richter, Lehrer, Kaufleute, seit der Zeit, wo ihr sprachliches Gewissen rege gemacht worden ist, die fremden Wörter als fremde lebhaft zu empfinden angefangen haben, und eine besondere Freude an ihrer Ersetzung finden. Auf grundsätzlichen Widerspruch stößt man bei diesen an Fremdwörter ganz besonders gewöhnten Leuten so gut wie gar nicht, wenn man auf das Unwesen hinweist, das bisher im Gebrauch von Fremdwörtern geherrscht hat, und seiner Beseitigung das Wort redet. Es sind das Kreise, die der Wissenschaft entweder ganz fern stehen, oder die zu ihr meist nur die Beziehung haben, daß sie ihnen zur Vorbereitung auf den Lebensberuf gedient hat. Aber auch unter denen, die in der Pflege der Wissenschaft ihren ausschließlichen Lebensberuf gefunden haben, giebt es hervorragende, ausgezeichnete Männer, welche das Erstarken des deutschen Sprachgeistes innigst ersehnt, die ersten Anzeichen dafür freudig begrüßt und die kräftig sich geltend machende Bewegung mit Begeisterung

gefördert haben. Daß die Gegner der Bewegung gerade vorzugs=
weise den wissenschaftlichen Kreisen angehören, ist freilich beachtens=
werth. Denn diese Gegnerschaft fordert gebieterisch zu der Frage
auf, ob sie berechtigt und ob sie aussichtsvoll ist.

Die Bewegung ist eine volksthümliche. Sie geht tief!
Wenn sie auch nicht überall gleich lebhaft ist, so reicht sie doch
viel weiter, als es dem nur auf der Oberfläche haftenden Blicke
offenbar wird, und man kann über ihre Volksthümlichkeit nicht
zweifelhaft sein, wenn man nur einigermaßen tief blickt.

Worauf zielt sie nun? Auf Umsturz, so sagen die Gegner,
auf Beseitigung eines aus geschichtlicher Entwicklung her=
vorgegangenen Zustandes. Auf Befreiung, so lautet die Gegen=
antwort, auf Abstreifen der Fesseln einer aus ungesunder ge=
schichtlichen Entwicklung hervorgegangenen Fremdwörter=
herrschaft. Betrachten wir also die geschichtliche Entwicklung
desjenigen Deutsch, um welches es sich in dieser Frage handelt,
des sogenannten Neuhochdeutsch. Es ist das die Sprache, die
Luther gleichsam geschaffen hat, als er die Bibel übersetzte, aus
der dann die allgemeine Schriftsprache entstand, die schließlich die
allgemeine Sprache der Gebildeten wurde.

Vor Luther wurden nur Mundarten gesprochen und geschrieben,
das Bairische, Schwäbische, Rheinländische, Schweizerische u. a.
Einen Hauptgegensatz bildete das Ober= und das Niederdeutsch.
Wenn vom Althochdeutschen und Mittelhochdeutschen die Rede ist,
so bedeutet „hoch" so viel als „ober".

Das Mittelhochdeutsche ist uns in den Dichtungen des 12.
und 13. Jahrhunderts erhalten, im Nibelungenliede, in der Gudrun
und in den ritterlichen Dichtungen. Das Neuhochdeutsche ist weit
davon entfernt, eine Fortsetzung des Mittelhochdeutschen zu sein.
Das „hoch" hat hier einen ganz andern Sinn. Es bedeutet nicht
mehr das „Oberdeutsche" im Gegensatz zum „Niederdeutschen",
sondern das allgemeine Schriftdeutsch im Gegensatze zu dem der
Mundarten. Als die ritterliche Dichtung verfiel, verschwand auch
das Mittelhochdeutsche.

Als Luther nun die Bibel zu übersetzen unternahm, wollte
er allen Deutschen, den Oberdeutschen wie den Niederdeutschen,
den Deutschen aller Mundarten verständlich sein. Einer einzelnen

Mundart konnte er sich daher nicht bedienen. Eine allgemeine Schriftsprache wie die jetzige war aber noch nicht vorhanden. Das deutsche Volk wenigstens hatte noch keine. Nur in den fürstlichen Kanzeleien war ein Ansatz dazu ausgebildet worden. Dieses Kanzeleideutsch war eine Geschäftssprache, die eben auch nur für die geschäftlichen Bedürfnisse ausreichte. Um die Bibel zu übersetzen, konnte sie Luther so, wie sie war, nicht brauchen. Er mußte sie ergänzen. Dennoch bot sie ihm eine willkommene Grundlage, um sie aus dem Ober- und Niederdeutschen zu bereichern und sich so gleichsam eine einheitliche Schriftsprache zu schaffen.

Anfangs erschien diese Sprache vielen als eine Neuerung und erfuhr Zurückweisung. Den Römischgesinnten galt sie als die „Sprache der Ketzerei", die Schweizer zogen für ihre Bibelübersetzung das „Zürichdeutsch" vor. Auch die Schwaben, außerdem besonders die Augsburger sträubten sich in ihrem Selbstgefühl dagegen, auf die Neuerung einzugehen. Sie nahmen Anstoß daran, daß die Sprache ihnen wegen ihrer Durchsetzung mit niederdeutschen Wörtern zu unverständlich war. Schon die von Obersachsen ausgegangene Kanzleisprache, die Luther benutzt hatte, war viel mit Niederdeutsch durchsetzt worden. Luther hatte die niederdeutschen Bestandtheile noch vermehrt. Trotzdem aber war seine Bibelsprache auch den Niederdeutschen anfangs unverständlich, und es wurde daher für die evangelischen Niederdeutschen Luthers Bibelübersetzung in's Niederdeutsche übertragen, ebenso Luthers Lieder.

Es entstanden daher Lehrbücher, die zu dem Zweck geschrieben waren, das Verständniß der neuen Bibelsprache zu vermitteln. Doch das Beste that die Kraft des Geistes, der sie durchdrang. Sie brach sich Bahn. Selbst die Jesuiten fingen an, sie in ihren Schulen zu lehren. Sie wurde Sprache des evangelischen Gottesdienstes, wurde Sprache der Dichter, wurde allgemeine Schriftsprache und als solche endlich Sprache der Gebildeten. Als solche wurde sie nun Hochdeutsch genannt, als das höhere Deutsch gegenüber den Mundarten.

Man kann nun nicht umhin, August Schleicher Recht zu geben, wenn er in seiner auch nach seinem leider zu frühen Tode noch mehrfach aufgelegten Schrift „Die deutsche Sprache" (Stuttgart, J. G. Cotta'sche Buchhandlung) von unserer auf

Luther zurückzuführenden Schriftsprache sagt (S. 108 der vierten Auflage), daß sie eine „auf dem Papier entstandene Sprache" sei, eine „ihren papierenen Ursprung deutlich an der Stirn tragende Sprache".

Was für eine Lebensmacht aber in der aus Luthers Bibelübersetzung hervorgegangenen neuhochdeutschen Sprache trotz ihres „papierenen Ursprunges" gewaltet hat, ist an Goethe ersichtlich geworden. Denn auf ihn hat Luthers Bibelsprache einen mächtigen Einfluß ausgeübt. Er war bibelfest. Und von wie großartigem Einfluß ist nun wieder Goethes Sprache gewesen!

Diese so geisterfüllte Luther'sche Bibelsprache hätte nun in dem luther'schen Geiste auf das Sorgfältigste weiter gepflegt werden sollen. Das erforderte ihr „papierener" Ursprung. Es war nun keine gesunde Entwicklung, daß sie Pflege nur bei Dichtern fand (unter denen Martin Opitz und Paul Flemming in dieser Beziehung die Bahn brachen), sonst aber dem Einflusse der Ausländerei preisgegeben war. Wie konnte eine Sprache, die von Hause aus mehr geschrieben als gesprochen worden war, und die, wenn sie gesprochen wurde, von eben den Gebildeten gesprochen wurde, welche gerne zeigten, daß sie nicht bloß in den lateinischen Schriftstellern zu Hause, sondern daß sie auch in Europa herumgereist, namentlich wohl auch in Paris gewesen seien, wie konnte eine solche Sprache dem Schicksale entgehen, daß, indem man sie schrieb oder sprach, fast mehr fremde Wörter mit einflossen, als eigene gebraucht wurden! Was konnte es da helfen, daß Sprachgesellschaften zur Pflege der deutschen Sprache gestiftet wurden! Gegen die Macht des allgemeinen Dranges mit fremden Wörtern zu glänzen, um gebildet zu erscheinen, konnten solche Bestrebungen Einzelner wenig ausrichten, selbst wenn sie mit mehr Geschmack und Geschick in's Werk gesetzt worden wären, als es meist geschehen ist. Der allgemeine Drang mit fremden Wörtern zu prunken, wurde ja noch dazu durch die Verhältnisse wesentlich geförbert. Deutschland wurde in den Zeiten des dreißigjährigen Krieges von Ausländern überschwemmt und verwüstet. Es folgten später die verheerenden Kriege Ludwigs XIV. Trotzdem dieser länderfüchtige König in gesegneten Landstrichen Deutschlands wie ein Barbar sengen und brennen ließ, wirkte der Glanz, mit dem er sein Königthum zu umgeben wußte, wie ein Zauber auf die Fürsten Europas, und auch die deutschen Fürsten beeiferten sich, diesen glänzenden Herrscher in allen Aeußerlichkeiten sich zum Vorbilde zu nehmen; alle Gebildeten hielten sich schließlich für verpflichtet, sich dem französischen Einfluß hinzugeben und unbedingt unterzuordnen. Dazu kam dann noch, daß große Schaaren von Franzosen, die um ihres Glaubens willen ihr Vaterland verließen, unter uns Aufnahme fanden und so französische Sitte und namentlich auch französische Sprache mitbrachten. In der That, die Verhältnisse waren ganz dazu angethan, unter den Gebildeten den Drang, sich fremder Wörter zu bedienen, zu nähren und zu verstärken. Das ist auch noch bis tief ins 18. Jahrhundert hinein so geblieben.

Inzwischen hatte sich denn auch ein Sprachgebrauch festgesetzt, durch den die zur Gewohnheit gewordenen fremden Ausdrücke in das Deutsch der Gebildeten eingebürgert wurden. Eine Sprache, die auf dem Papier entstanden, mindestens ebenso viel bloß gelesen als zugleich gesprochen worden war, und zwar von Leuten gesprochen worden war, die sie vorwiegend zu schreiben oder mindestens zu lesen pflegten, eine solche Sprache mußte, wenn sie meist von schreibenden oder doch von lesenden Leuten gebraucht wurde, die zugleich eine Vorliebe für fremde Ausdrücke hatten, nothwendig dem Geschick verfallen, daß diese fremden Ausdrücke in ihr so zur Gewohnheit wurden, daß sie den Sinn für das Wortverständniß, d. i. das „Sprachgefühl", wie der herkömmliche wissenschaftliche Ausdruck lautet, mehr und mehr abstumpften.

So entstand denn ein Buchstabendeutsch, das sich trotz des dichterischen Deutsch, das von Leuten wie Klopstock, Herder, Wieland, Lessing, Goethe, Schiller neugeschaffen wurde, auf Grund der Macht träger Gewohnheit behauptete.

Konnte sich dieses Buchstabendeutsch der verschrobenen Gebildeten dem bewunderungswürdigen Dichterdeutsch zum Trotze behaupten, wie viel mehr gegenüber den Errungenschaften der Sprachwissenschaft, gegenüber den Aufschlüssen, die Männer wie Jakob Grimm über die Verwandtschaft des Deutschen mit dem Lateinischen, Griechischen und der heiligen Sprache der alten Inder, dem Sanskrit, zu Tage gefördert haben! Man kann vom Deutschen im weiteren und engeren Sinne sprechen. Im engeren Sinne genommen, unterscheidet es Schleicher vom Gotischen und Nordischen. Er nimmt an, daß sich aus einer gemeinsamen Ursprache neben dem Gotischen und Nordischen die Grundsprache entwickelt habe, aus der dann das Hochdeutsch und Niederdeutsch hervorgegangen seien. Spricht man vom Deutsch im weiteren Sinne, so werden darunter die germanischen Sprachen verstanden, also auch Gotisch und Nordisch mit dazu gerechnet. Nach dem Stammbaume nun, den Schleicher von den indogermanischen Sprachen entwirft, haben sich aus der alten gemeinsamen indogermanischen Ursprache zunächst zwei Hauptzweige abgezweigt, die asiatisch-südeuropäische Grundsprache und die nordeuropäische Grundsprache. Diese waren also Schwestern. Der einen entsproß im zweiten Gliede das Sanskrit, einer anderen Linie im zweiten Gliede das Griechische und einer Abzweigung dieser zweiten Linie im dritten Gliede das Italische. Der anderen Schwester entsproß im ersten Gliede das Germanische oder die Grundsprache alles Deutschen im weiteren Sinne, neben dem sich die Grundsprache des Litauischen und Slawischen abzweigte. Sollte auch Einzelnes an diesem Stammbaume zweifelhaft sein, so ist doch zweifellos, daß die Geschichte gerade der germanischen Grundsprache weit zurückreicht in die Zeiten ursprünglicher Sprachentwicklung, und es wird dadurch begreiflich, daß auch das Gotische, Nordische und das Deutsche im engeren Sinne kernhafte, durch ihre Ursprünglichkeit ausgezeichnete Sprachen sein konnten. Wie hätten nun doch diese Aufschlüsse über den Ursprung der deutschen Sprache im weiteren und engeren Sinne zum Antriebe dienen sollen, das Unverfälschte und Echte dieser ursprünglich so kernhaften Sprache zu erhalten und vor allen Dingen dafür zu sorgen, daß das deutsche Denken nicht durch Unmassen von fremden Wortgebilden belastet und verdunkelt wird, die einem undeutschen Denken entsprungen sind, das urdeutsche Sprachgut aber verdrängen und das deutsche Denken seiner Freiheit berauben.

Es ist keine gesunde Entwicklung, die das Luther'sche Bibeldeutsch erfahren hat, indem aus ihm ein richtiges Verbildungsdeutsch geworden ist. Wie weit dieses Deutsch dazu mitgewirkt hat, daß auch in die Mundarten Fremdwörter eingedrungen sind, mag hier ununtersucht bleiben. Jedenfalls hat das Neuhochdeutsch durch die Schule Einfluß auch auf diejenigen ausgeübt, denen eine deutsche Mundart die eigentliche Muttersprache war. Für solche konnte das Neuhochdeutsch zunächst nur ein „Schuldeutsch" sein und ein „Kunstdeutsch", auch ein „Zwangsdeutsch", wie sich Dr. Schatzmayer in Triest einmal in einem Aufsatze der „Deutschen Presse" ausgedrückt hat. Und da ist es doch verhängnißvoll, daß dieses Deutsch zum Theil ein „Undeutsch" ist.

So groß die Wohlthat auch ist, die uns aus der Entwicklung der Luther'schen Bibelsprache darin erwachsen ist, daß wir eine allgemeine Schriftsprache haben, so groß ist andererseits der Schaden, den das Ungesunde an dieser Entwicklung angerichtet hat, durch die wir zu einer das lebendige Sprachgefühl beeinträchtigenden Fremdwörterherrschaft und zu der Herrschaft eines förmlichen Undeutsch gelangt sind.

Glücklicherweise ist der deutsche Sprachgeist erwacht, und er ist im Erstarken. Gegen das Ungesunde der bisherigen Sprachentwicklung ist eine gesunde Gegenwirkung eingetreten. Wie ist das gekommen?

Das deutsche Volk hat sich gleichsam wieder selbst gefunden. Jahrhunderte hindurch war es staatlich in sich zerklüftet, als Ganzes ohnmächtig, von den Nachbarvölkern mißachtet, bei jeder Gelegenheit gemißhandelt. Endlich wurde es sogar schmählich geknechtet von einem Eroberer, der einen Theil der deutschen Stämme zwang, ihm unterwürfig Dienste zu leisten gegen die Deutschen, die sich nicht freiwillig unterwerfen wollten, und der auf die mit Gewalt unterworfenen einen unerhörten Druck ausübte. Da erwachte zum ersten Male der deutsche Geist in den Freiheitskriegen von 1813 bis 1815, und wenn darin zu Anfang noch Deutsche gegen Deutsche hatten kämpfen müssen, so war zuletzt der deutsche Geist doch mächtiger gewesen als der äußere Zwang. Die große Erhebung der Freiheitskriege hat tiefgreifende Nachwirkungen gehabt, aber zu einer befriedigenden staatlichen Einheit konnten die deutschen Stämme noch nicht gelangen. Es bedurfte erst noch des blutigen Kampfes von 1866, damit zunächst Norddeutschland geeinigt würde, und des großen Krieges von 1870,

damit das neue deutsche Reich erstünde, in dem alle diejenigen
deutschen Stämme zusammengefaßt sind, die 1870 in treuer Waffen=
brüderschaft gegen den gemeinschaftlichen Feind gekämpft haben,
und das nun seit Jahren durch ein Bündniß mit dem öster=
reichisch=ungarischen Reiche verbunden ist, dem sich auch Italien
angeschlossen hat.

Zu einem starken Reiche sind die deutschen Stämme zusam=
mengefaßt, und eine stetige Kraftentfaltung hat das Ansehen dieses
Reiches von Jahr zu Jahr gesteigert. Dies hat die Ueberzeugung
von der Nothwendigkeit des festen Zusammenhaltens gekräftigt.
Diese Ueberzeugung ist auch in erhebender Weise am 25. Juni
1888 zum Ausdruck gekommen, wo die deutschen Fürsten auf dem
Reichstage sich um den soeben zur Regierung gekommenen jungen
Kaiser Wilhelm II. geschaart und durch ihre Anwesenheit bekundet
haben, daß sie treu zu Kaiser und Reich stehen wollen. Ebenso
hat der Reichstag bisher durch seine Beschlüsse so kräftig und
nachdrücklich als möglich bei vielen Gelegenheiten sich zur Einheit
des Reiches und seiner unauflöslichen Festigung bekannt. Nun
hat auch eine weise Staatsleitung die Macht des deutschen Reiches
in den Dienst des Friedens gestellt, dessen Europa so sehr bedarf,
der aber gewissen Störenfrieden ein Dorn im Auge ist und ihnen
zum Trotze aufrecht erhalten wird. Kaiser Wilhelm II. aber hat
durch seine Reise nach Rußland, Schweden und Dänemark, dann
durch die nach Süddeutschland, Oesterreich und Italien aller Welt
den unzweideutigsten Beweis geliefert, daß er, so viel an ihm
ist, ein Friedensfürst sein will.

Wenn jetzt die Deutschen fühlen, was Deutschland in
Europa zu bedeuten hat, so ist das geradezu selbstverstäud=
lich. Es kann kaum anders sein. Wenn es anders ist, so ge=
hört das zu den Ausnahmen. Ausnahmen können ja vorkommen.
Die Macht der Gewohnheit kann sie veranlassen. Aber der Zug
der Zeit drängt dazu, daß der Deutsche fühlt, wie geachtet
Deutschland jetzt in Europa dasteht.

Der allgemeine deutsche Sprachverein nun dankt
diesem Zuge der Zeit seine Entstehung. Der Weckruf, auf Grund
dessen er ins Leben getreten ist, machte nur offenbar, was
schon damals bereits in den Gemüthern lebendig war. Die Auf=

forderung, deutsch zu denken und zu reden, zündete, weil die Deutschen sich als Deutsche zu fühlen bereits gelernt hatten.

Gerade diese Entstehung ist ein großer Vorzug des Vereins. Sie berechtigt zu den besten Hoffnungen. Es ist eine Saat aufgegangen, die durch die Verhältnisse, lange ehe man es ahnte, schon während der Freiheitskriege 1813 bis 1815, ausgestreut worden war und in den Herzen Tausender unmerklich Wurzel geschlagen hatte. Der Weckruf kann daher auch einem fruchtbaren Regengusse verglichen werden, der die Saat mit überraschender Schnelligkeit und Ueppigkeit hat hervorsprießen lassen.

Der Same wissenschaftlicher Gedanken, welche die Sprachwissenschaft in ernster, treuer Arbeit viele Jahrzehnte hindurch ausgestreut hat, ist es nicht, der hier aufgegangen ist. Er hat bisher nur bei den wenigen Männern einen empfänglichen Boden gefunden, die sich selbst wieder der Sprachwissenschaft zuwendeten, nicht in weiten Kreisen des Volkes: Die wissen kaum, daß es eine Sprachwissenschaft gibt, und was für wichtige Aufschlüsse sie gerade auch über die deutsche Sprache zu Tage gefördert hat. Wenn man einmal versucht, von diesen Aufschlüssen eine Andeutung zu machen, etwa daß unser Wort „Blick" und das lateinische Wort flamma (entstanden aus flagma von flagrare brennen) im Grunde dasselbe sei, und daß „blicken" eigentlich „brennen", „leuchten", „schimmern", „glänzen" bedeute, und daß „blitzen" aus „blicken", „blitzen" entstanden ist, so begegnet man ungläubigem Kopfschütteln, wenn man nicht etwa gar bespöttelt wird, als wenn man hellen Unsinn gesagt hätte.

Die Zeit wird ja schon noch kommen, wo der von der Sprachwissenschaft ausgehende Same einen breiteren Boden finden wird. Sie kann aber erst kommen in Folge der Erstarkung des deutschen Sprachgeistes, die sie selbst unmittelbar hervorzurufen nicht im Stande gewesen ist, die nur durch die dargelegten Verhältnisse hervorgerufen werden konnte.

Die Sprachwissenschaft ist wesentlich die Förderin des geschichtlichen Wissens von der Sprache. Die Handhabung der Sprache dagegen hängt vom Willen ab und ist Sache der

Sprachgemeinde. Diese ist gesetzgebend. Die Sprachwissenschaft kann nur belehren, berathen, aber nicht gebieten. Sie hat nicht die letztentscheidende Obergewalt, sie gibt nicht den Ausschlag.

Das Wissen als solches kann ein todtes sein. Nur das Wissen, das den Willen zu ergreifen vermag, ist ein lebendiges und lebendigmachendes. Wenn aber das Wollen sich desjenigen Wissens, das ihm förderlich sein kann, bemächtigt, dann wird es ein außerordenlich fruchtbar machendes Wissen.

Daß in weiten Kreisen des deutschen Volkes der Wille rege geworden ist, ein reines Deutsch zu sprechen, das ist ausschlaggebend. Wie weit dieser Wille durchdringen wird, davon wird es abhängen, ob er sich bei der Mehrheit des Volkes wird erwecken lassen. Scheitert dies zunächst an der Macht der Gewohnheit, so daß Zwiespältigkeit im Sprachgebrauch unvermeidlich erscheint, indem die einen ein möglichst reines Deutsch sprechen, die andern beim alten Fremdwortschlendrian bleiben, so ist darum doch noch nicht alle Hoffnung aufzugeben. Vielleicht kann das Wissen der Sprachwissenschaft als ein wirksames Mittel verwendet werden, um den Bann der Gewohnheit zu brechen.

Das bloße Wissen als solches wird dieses wirksame Mittel nie werden können. Nur wenn es von dem Willen, ein reines Deutsch zu schreiben und zu sprechen, durchdrungen wird, kann es zu einer den Bann der Gewohnheit brechenden Macht werden.

Das Wissen der Sprachwissenschaft kann als bloßes Wissen dazu dienen, daß die Männer der Sprachwissenschaft auf die durch den Allgemeinen Deutschen Sprachverein geförderte Bewegung mit gemischten Gefühlen blicken, wenn sie nicht gar mit Vorurtheilen dagegen erfüllt sind.

Mancher Sprachforscher sagt: „Ich begrüße lebhaft und hocherfreut die Versuche, die natürliche Pflege und Ausbildung und die Kenntniß und den verständnißvollen Gebrauch der deutschen Sprache zu fördern. Alles, was dahin zielt, findet jederzeit meine vollste Unterstützung. Hingegen begleite ich die sogenannten Reinigungsbestrebungen des Vereins, die auf Ausscheidung der Fremdwörter hinarbeiten, mit sehr gemischten Empfinbungen. Der auf künstlerische Wirkungen bedachte Schriftsteller kann der Fremdwörter nicht entrathen. Der Umfang ihres Gebrauchs ist Frage des Takts und des guten Geschmacks. Und den wird man nie durch einen Verein lehren und verbreiten können. Ich leugne indes nicht, daß der Allgemeine deutsche Sprachverein sich ein gewisses Verdienst erworben hat, als er in den breiten Massen der Halbgebildeten die sinnlose, auf stumpfsinnigster, unklarer Eitelkeit und philisterhaftem Bildungsstreben beruhende Anwendung von Fremdworten einigermaßen in Verruf gebracht hat. Die Forderung aber: alle Welt soll sich dem Kanon des Vereins fügen und die von diesem hinausgeworfenen Fremdworte fallen lassen, enthält meiner bescheidenen Meinung nach eine arge Tyrannei. Man will hiermit den nationalen Besitz des Volkes mit einer chinesischen Mauer umgeben, ihn gegen jede Berührung von außen absperren und verlangt tyrannisch, man solle nur von diesem eingepferchten, erstarrten, festgelegten Besitz leben!"

Ich habe mir das nicht erdacht, sondern ich berichte Thatsächliches. Ich finde die hier ausgesprochenen Vorurtheile auch ganz begreiflich. Wer bloß das Wissen von den neuen Aufschlüssen der Sprachwissenschaft des 19. Jahrhunderts hat, wer nicht aus einem von diesem Wissen unabhängigen dunklen Drange den Willen hat, darauf hinzuarbeiten, daß das Schriftdeutsch wahrhaft deutsch werde, soweit das eben ohne wirkliche Einbuße, durch Ausscheidung ganz entbehrlicher und völlig überflüssiger Fremdwörter geschehen kann, der wird nur allzuleicht geneigt sein, in den bloßen Vorschlägen zu etwaiger Verdeutschung von Fremdwörtern schon das Ziehen einer chinesischen Mauer und ein tyrannisches Hofmeistern aller Welt, auch der auf künstlerische Wirkung bedachten Schriftsteller zu erblicken.

Eins der wichtigsten Ergebnisse der neueren Sprachwissenschaft ist die Erkenntniß, daß zwischen Sanskrit, Griechisch und Lateinisch einerseits und den germanischen Sprachen andererseits eine nahe Verwandtschaft besteht, nicht bloß im Bau der Wörter, sondern auch in einem großen Theile des Wortschatzes, der von uralter Zeit her ein gemeinsamer ist. Weitere Ergebnisse haben aber auch zu der Erkenntniß geführt, daß auch die flawischen und keltischen Sprachen an diesem Sprachzusammenhange Antheil haben. Da sich nun die italienische, spanische, portugiesische und französische Sprache aus der lateinischen entwickelt haben, die englische aus der Mischung von Angelsächsisch und Französisch, so besteht zwischen fast allen europäischen Sprachen eine Verwandtschaft. Zu den Ausnahmen gehören das Ungarische und das Türkische.

Daher kann ein Mann der Sprachwissenschaft wohl dahin gelangen, daß er es gar nicht für ein so großes Uebel hält, wenn unter so verwandten Sprachen ein gegenseitiger Austausch von Wörtern stattfindet.

Da das Deutsche von uralter Zeit her eine große Anzahl von Wörtern mit Sanskrit, Griechisch, Lateinisch, Keltisch und Slawisch gemein hat, nur daß gewisse Laute eine „Verschiebung" erhalten haben, warum soll nun, so kann er denken, nicht auch darin eine sprachliche Gemeinschaft bestehen, daß die deutsche Sprache Wörter hat, die dem Griechischen und Lateinischen oder den romanischen Sprachen einfach entlehnt sind, und in diesem Falle eben keine Verschiebung der Laute erfahren haben, den entsprechenden Wörtern der fremden Sprachen daher viel ähnlicher sind als das uralte gemeinsame Sprachgut, wenn sie auch vielfach der deutschen Sprechweise mundgerecht gemacht worden sind. Und sind uns doch viele dieser entlehnten Wörter so geläufig geworden, daß man ihren fremden Ursprung gar nicht ahnt, wenn man nicht die Sprachwissenschaft zu Rathe zieht. Diese lehrt allerdings, daß sowohl „Spargel", als frz. asperge, von lat asparagus, gr. ἀσπάραγος herstammt; daß „Mütze" dem mittellateinischen almucium entspricht, womit man das mit einer Kapuze versehene mantelartige Staatskleid der Ordensgeistlichen bezeichnete. Auch daß „Kugel" aus cucullus entstanden ist, daß der „Ball", mit welchem wir werfen, nach gr. βάλλω, ballo, d. i. ich werfe, so genannt ist, daß der „Ball", zu dem tanzlustige Leute zusammenkommen, seinen Namen davon hat, daß beim Ballwerfen auch getanzt worden ist, muß uns erst die Sprachwissenschaft lehren, ebenso daß „Protokoll" ursprünglich ein den Papyrusheften des Hofes zu Konstantinopel vorgeklebtes Blatt bedeutete, worauf gewisse amtliche Vermerke gemacht wurden (aus πρῶτος, prōtos der erste, und κολλάω, kolláō, ich leime).

Der Sprachforscher, der eine ganz klare, vollständige Uebersicht darüber hat, welche von den bei uns Deutschen üblichen Wörtern alle entlehnt sind, und von der **großen Menge der Entlehnungen** ein sicheres Wissen, wird auch die Schwierigkeit, die es hat, einmal eingebürgerte Fremdwörter zu vermeiden, in ganz anderer Weise ermessen, als der, welcher nur eine ganz zufällige und ungefähre Kenntniß dieser Wörter besitzt, und z. B. nicht weiß, daß die Wörter Tafel, Pfeffer, Oel, Käse, Büchse, Pastete, Sekt aus tabula, piper, oleum, caseus, pyxis, pastatum, siccus entstanden sind, wohl aber die Wörter Appetit, Confect, Portion aus der deutschen Sprache verweisen will.

Der Sprachforscher, der seinen ganzen Lebensberuf daran gesetzt hat, Wörter zu erforschen, steht dem Worte ganz anders gegenüber als der, welcher sich nur ganz gelegentlich und nebenbei einmal mit Wörtern denkend beschäftigt, und dazu oft nur ganz oberflächlich.

Er hat nun finden müssen, wie wechselvoll die Formen sind, und wie weitgreifend der Bedeutungswandel. Wenn wir sagen: wir „salbten", so lautete im Gotischen die Form salbôdêdum, im Althochdeutsch salpôtumes. Sagen wir: daß wir „salbten", so lautete im Gotischen die Form dafür salbôdêdeima, im Althochdeutschen salpôtimes. Im Mittelhochdeutschen sagte man in beiden Fällen salbeten. Wenn wir jetzt Jemand „tapfer" nennen, so würde man früher in dem entsprechenden Wort dem Sinn von „schwerfällig" gefunden haben. Vilmar sagt daher, daß, wenn unsere von Tacitus beschriebenen Vorfahren wieder auflebten, sie in unseren Wortformen ihre Wörter von ehedem meist nicht wieder erkennen, oder doch ihre Bedeutungen nicht verstehen, oder doch glauben würden, daß wir in lauter Uebertreibungen oder Abschwächungen des Sinnes sprächen.

Dem Sprachforscher ist daher das Wort zu etwas geworden, dessen Wesen wissenschaftlich zu ergründen ist, und von der Beantwortung der Frage, was überhaupt ein Wort ist, macht er es auch abhängig, was ihm ein Fremdwort ist, und ob er sich zu Fremdwörtern duldsam oder ablehnend verhalten soll. Und nun sieht er, wie die Mitglieder des Sprachvereins so verfahren, als ob das alles doch ganz selbstverständlich wäre, und als ob das jeder, der mit Worten umgeht, doch aus dem Gebrauch wissen müßte.

Aber dem Sprachforscher erscheint die Erledigung der Frage, was denn überhaupt ein Wort sei, keineswegs als so einfach. Aus dem bloßen Gebrauch der Wörter weiß das Niemand. Was die Gebildeten davon wissen, stammt aus der Schule. Da haben sie gelernt, daß es Wörter für Gegenstände, Eigenschaften und Thätigkeiten gibt („Substantiva, Adjectiva und Verba"). Ueber diese schülerhafte Auffassung ist der jetzige Sprachforscher aber längst hinaus. Ihm gelten die Wörter nicht als Bezeichnungen der Gegenstände selbst, auch nicht unserer bloßen Vorstellungen von ihnen, denn er fragt nach der eigentlichen, ursprünglichen Bedeutung jedes Wortes, er ist „Etymologe", sucht bei jedem Worte zu erfahren, unter welchem Gesichtspunkte bei der Bildung desselben der betreffende Gegenstand, die Eigenschaft, die Thätigkeit denkend aufgefaßt worden sind. Damit unterscheidet er zwischen der Vorstellung von der Sache oder Eigenschaft oder Thätigkeit und dem Gedanken, der dem sprachlichen Ausdruck dafür zu Grunde liegt. Von der Finsterniß, die unsere Augen uns bezeugen, hat Jedermann eine Vorstellung, aber der Sprachforscher will wissen, was nach sprachlicher Auffassung Finsterniß ist. Die Vorstellung von dem Hemde, das wir auf dem Leibe tragen, ist etwas durchaus Anderes, als der Gesichtspunkt des Denkens, auf dem das Wort beruht. Ist es richtig, was Sprachforscher in dieser Beziehung aufgestellt haben, so ist das Wort „Hemde" mit dem Wort „Himmel" verwandt, und beiden ist der Gedanke des Bedeckens gemeinsam. Vielleicht liegt auch dem Worte „Schatten" und verschiedenen damit zusammenhängenden griechischen und lateinischen Wörtern der Gesichtspunkt des Bedeckens zu Grunde. Vielleicht auch hängen „düster, dunkel, dämmerig und finster" sämmtlich zusammen und sind mit lat. tenebrae und sanskrit. tamas auf den Gesichtspunkt des Bedeckens zurückzuführen, womit ja die von manchen Forschern gegebene Erklärung nicht unvereinbar wäre, daß dabei an eine Hemmung der Bewegung gedacht sei.

Als Gedankenausdruck erweisen sich die Lautgebilde nun auch dadurch, daß sie Allgemeines bezeichnen, nicht Einzelnes, daß sie also auf der denkenden Verallgemeinerung beruhen.

Da liegt denn nun der Gedanke nahe, daß am Worte das Lautgebilde verhältnißmäßig untergeordnete Bedeutung habe, das ihm zu Grunde liegende Denken dagegen die Hauptsache sei. Wird nun die Vereinigung von Gedanke und Lautgebilde nur als eine lose aufgefaßt (wie wenn etwa zwei Handwerksburschen auf der Heerstraße mit einander wandern), so wird das Lautgebilde nur als Wortstoff angesehen werden, der erst durch den damit in Verbindung gebrachten Gedanken zum wirklichen Wort erhoben wird.

Die Männer der Sprachwissenschaft sind ja auch noch immer in der Lage, nach Erkenntniß ringen zu müssen, und die einzelnen Forscher sind keineswegs gegen Irrthum gefeit. So kann noch gar mancher die Verbindung, die das Denken mit den doch von ihm hervorgebrachten Lautgebilden eingegangen ist, als eine zu lose auffassen, kann das Lautgebilde mehr als billig vom Gedanken absondern und es abgesehen vom Denken für bloßen Rohstoff halten.

Dann ist es nur ein Schritt zu der Auffassung, daß auch der aus fremdem Lande eingeführte Wortrohstoff durch das Denken leicht angeeignet werden könne. Das deutsche Denken ist bei dieser Auffassung eben nur ein allgemein menschliches Denken, kein eigentlich „deutsches Denken". Dieser Ausdruck gilt nur als eine Redensart. Der Deutsche kann nach dieser Auffassung nur als Mensch, nicht als Deutscher denken. Daß jedes Volk nur in der Sprache denkt, die es redet, ist eben übersehen. Das Denken wird nicht als ein in Lautgebilde hineingeformtes, sondern als ein über diese Gebilde erhabenes Denken angesehen. Das ist zwar grundfalsch. Wer aber diese Ansicht einmal hat, der wird sich leicht bei der Auffassung beruhigen, daß der Deutsche durch sein nur allgemein menschliches Denken fremde Wörter aller Art, Wörter von allen nur möglichen Völkern, sich im Handumdrehen denkend völlig zu eigen machen könne.

Dabei wird er in der Lage sein, den Einwurf, daß viele Fremdwörter dem Deutschen im Grunde doch unverständlich bleiben, damit abzuweisen, daß doch auch viele deutsche Wörter ebenfalls den meisten darin fremd geworden sind, daß sie nicht mehr wissen, was sie eigentlich bedeuten, und warum sie den Sinn haben, den man mit ihnen jetzt zu verbinden pflegt. Dabei wird es für ihn ins Gewicht fallen, daß die sogenannten Fremdwörter, die das Deutsche hat, aus Sprachen entnommen sind, die ihrem Bau und ihrem inneren Gehalt nach der deutschen durchaus verwandt sind, und von denen die ältesten, Griechisch und Lateinisch, noch dazu aus uralter Zeit her mit der deutschen ein reiches Sprachgut gemein haben. Auch wird er geltend machen, daß es keine in der Geschichte aufgetretene Sprache gegeben hat, die ohne alle Mischung gewesen wäre, wie auch alle geschichtlichen Völker ein Gemisch von Völkerbestandtheilen waren.

Es ist also vollkommen erklärlich, wenn ein Sprachforscher nur trotz seines sprachlichen Wissens der durch den Sprachverein geförderten Bewegung zu Gunsten eines reinen Deutsch in der Hauptsache zustimmt und sich dabei nur vorbehält, gegen etwaige Ausschreitungen mäßigend einzuwirken.

Ebenso erklärlich ist es, wenn es sich überhaupt mit den Fachgelehrten so verhält. Diese sind zu sehr an die Kunstausdrücke gewöhnt, die man früher aus dem Griechischen und Lateinischen entnommen hatte, und sie wollen von ihnen nicht lassen, weil sie meinen, daß damit ihre Wissenschaft eine schwere Einbuße erleiden würde.

Es war der Gebrauch der griechischen und lateinischen Wörter seitens der Gelehrten zu seiner Zeit ganz natürlich. Die deutschen Völkerschaften, welche das weströmische Reich eroberten und die Herrschaft an sich brachten, erkannten willig die Ueberlegenheit der Römer in alle dem an, worin sie ihnen wirklich überlegen waren, und wurden ihre gelehrigen Schüler. Natürlich lernten sie auch Latein und lasen lateinische Schriftsteller. Und als den deutschen Völkern unseres Heimathlandes von Rom aus der christliche Glaube verkündet wurde, und damit das Latein als Kirchensprache unter ihnen festen Fuß faßte, was war da natürlicher, als daß die von den Klöstern ausgehende höhere Bildung unter der Herrschaft des Latein gepflegt wurde! So stammen denn die meisten auf das kirchliche Leben bezüglichen Ausdrücke aus dem Lateinischen, in das vorher manche aus dem Griechischen aufgenommen waren, z. B. Predigt (praedicatio), Segen (signum, nämlich crucis), Kreuz (crux), Presbyter (presbyter), Bischof (episcopus), Kirche (κυριακή).

Unter der Herrschaft der römischen Kirche bildete sich dann unter den germanischen und romanischen Völkern Europas eine christliche Wissenschaft aus, welche zunächst wesentlich Theologie und Philosophie war. Was war da natürlicher, als daß das Latein zur Sprache der Wissenschaft gemacht und als solche von den Denkern aller europäischen Völker benutzt wurde, die an der Wissenschaft und deren einheitlicher Sprache ein Band der Vereinigung hatten! Es konnte schwerlich anders kommen!

Dieser Zustand wurde getragen und erhalten durch den seit Karl dem Großen herrschend gewordenen Gedanken, daß das deutsche Volk die Erbschaft des römischen Volkes übernommen habe, daß also die europäischen Völker unter der Führung des deutschen eine Einheit bildeten. So wurde das mittelalterliche Latein die Einheitssprache dieser Völkereinheit, und als solche wurde sie weiter fortgebildet. Aus den einzelnen Sprachen der einzelnen Völker wurden Ausdrücke in sie aufgenommen, die aus dem Latein wieder in die Sprachen anderer Völker übergingen.

Das geschah nun aber auch, als beim Anbrechen der neueren Zeit der Gedanke des Weltreiches in den Hintergrund gedrängt wurde, und Völker wie die Spanier, die Franzosen, die Engländer, die Italiener ihre besonderen Eigenthümlichkeiten entwickelten, daher auch ihre Sprachen schriftstellerisch pflegten, auch für die Zwecke der Wissenschaft. Da war es doch ganz natürlich, daß die Jahrhunderte hindurch gebrauchten wissenschaftlichen Ausdrücke beibehalten, jedoch der Sprache, in die man sie übernahm, anbequemt wurden! Am spätesten haben die deutschen Gelehrten die Wissenschaft in deutscher Sprache zu behandeln angefangen. Erst Leibniz und Thomasius machten mit Nachdruck geltend, daß die deutsche Sprache sich sehr wohl dazu eigne, auch die Sprache der Wissenschaft zu werden.

Es wurden denn nun auch in der That wissenschaftliche

Bücher in deutscher Sprache geschrieben, doch blieb das Latein noch immer die eigentliche Gelehrtensprache. Auch wurden deutsche Vorlesungen auf den Hochschulen gehalten, doch blieb die lateinische Sprache die eigentliche Sprache der Hochschule, und alle amtlichen Schriftstücke mußten bis vor noch nicht langer Zeit in lateinischer Sprache abgefaßt werden. Wie natürlich war es, daß die lateinischen Kunstausdrücke, in die man sich so eingelebt hatte, auch in den deutschen wissenschaftlichen Sprachgebrauch herübergenommen wurden! Wie strotzen noch die seit 1781 erschienenen Hauptschriften Kants von fremden Kunstausdrücken! Welche Schwierigkeiten bieten sie schon dadurch dem Anfänger, der sich in Kants Gedankenwelt hineindenken lernen will, ganz abgesehen von der Schwierigkeit des Verständnisses der Gedanken!

Und noch jetzt hängen die Gelehrten an den Kunstausdrücken, an die sie von Jugend auf gewöhnt sind, und bei jeder sich darbietenden Gelegenheit werden noch immer neue aus dem Griechischen oder Lateinischen zurecht gemachte hinzugefügt, damit die Gelehrtensprache nur ja eine Geheimsprache sei. Die Gelehrten sind vielfach der Meinung, daß die Wissenschaft ihre **eigene** Sprache zu reden habe, da sie ja doch an den engeren Kreis der **Eingeweihten** gerichtet sei. Sie wollen darum gar nicht **volksthümlich** reden, sondern die Sprache der Wissenschaft lieber als eine **Geheimsprache** pflegen.

Dabei handeln sie denn gewiß in den allermeisten Fällen im guten Glauben, wenn sie die Bestrebungen des Sprachvereins, statt sie so aufzufassen, wie sie gemeint sind, daß nämlich dem mit Fremdwörtern getriebenen Unfug gesteuert werden soll, sofort dahin deuten, als ob der Verein jeden Gebrauch eines aus einer fremden Sprache entlehnten Wortes als einen Unfug betrachte. Nicht Jedermann kennt den mit den Fremdwörtern getriebenen Unfug, der sich bis zum Schwindel und zur völligen Albernheit verstiegen hat, in seinem ganzen Umfange. Nicht jeder kennt ihn so, wie ihn Professor Dr. Dunger in Band X., Heft I, der „Zeitfragen des christlichen Volkslebens" im Jahre 1884 geschildert hat. Obgleich dieser die Ueberzeugung ausspricht, daß er „den Stoff durchaus nicht erschöpft" habe, und daß „manche Seite des Fremdwörterunwesens nur flüchtig, manche gar nicht berührt" worden sei, so gibt er doch eine Uebersicht über die Fremdwörter im gewöhnlichen Leben, ferner in Kunst, Handel und Gewerbe, in der Sprache der Behörden, in der Kriegssprache, in der Sprache der Wissenschaft, im Zeitungswesen, in schönwissenschaftlichen Schriften, daß es fast undenkbar erscheinen muß, daß Jemand, der diesen Ueberblick hat, diesen Fremdwörterunfug billigen könnte. Wer nun den Unfug in dem Umfange, in welchem er wirklich vorhanden ist, nicht kennt, und wer die Anwendung von Fremdwörtern, die er an sich und Anderen kennt, durchaus nicht für einen Unfug hält, der wird in wirklich gutem Glauben die Sache, um die es sich handelt, geradezu auf den Kopf stellen können. Er wird die Bekämpfung des Fremdwörterunwesens dahin mißverstehen können, daß jeder Gebrauch eines Fremdwortes als ein Unwesen bekämpft werden solle. Aus diesem Mißverständniß entspringen dann Fragen, durch welche die Bekämpfung des Fremdwörterunwesens als ungereimt lächerlich gemacht werden soll. Es werden die alltäglichsten Wörter, die aus fremden Sprachen entlehnt sind, oft seit weit über tausend Jahren, und bei deren Gebrauch kaum Jemand daran denkt, daß sie entlehnt sind, hervorgesucht, und es wird dann spöttisch und höhnisch gefragt, ob man etwa diese nicht mehr gebrauchen solle. Besonders muß da u. A. das Wort „matt" herhalten, von dem ja freilich Viele nicht wissen, daß es mit dem Schachspiel nach Deutschland gekommen ist und seinem arabischen Ursprunge gemäß eigentlich „todt" heißt, was aber in jedem deutschen Wörterbuch zu finden ist, auch von Professor Dr. Dunger auf S. 21 der erwähnten Schrift ausdrücklich gesagt worden ist.

2. Der rechte Weg.

Wer den Kampf gegen den Fremdwörterunfug nicht zu würdigen weiß als einen Kampf gegen etwas Ungesundes, Unwürdiges und Albernes, und wer deshalb den Allgemeinen deutschen Sprachverein selbst in dieser Beziehung verurtheilt, der verurtheilt damit auch alle die Vielen, welche ebendenselben Kampf führen, aber außerhalb des Vereins stehen.

Der Verein kann sich gewissermaßen Glück dazu wünschen, daß nicht alle, die das Fremdwörterunwesen thatkräftig bekämpfen, ihm angehören, daß es vielmehr Tausende von Männern außerhalb des Vereins giebt, die ihm kräftige Bundesgenossenschaft leisten. Er steht auf diese Weise mit seinen Bestrebungen nicht allein da, diese werden vielmehr getragen von einer Bewegung, die viel weiter reicht als die Grenzen des Vereines. Von diesen Draußenstehenden entfaltet gar mancher in seinem Kreise eine sehr nachdrückliche und erfolgreiche Thätigkeit zur Beseitigung des Fremdenwörterwesens. Der Verein aber will diese Thätigkeit mit vereinten Kräften ausführen.

Dabei geht er nun noch einen Schritt weiter, und eben das ist's, was manchen Männern der Sprachwissenschaft bedenklich erscheint, während sie dem Kampf mit dem Fremdwörterunwesen vollen Beifall zollen.

Der Verein will nämlich das Erstarken des deutschen Sprachgeistes auch darin fördern, daß er auf den Gebrauch eines möglichst reinen Deutsch hinzuwirken sucht. Die hiergegen von Sprachgelehrten geäußerten Bedenken sind zwar begreiflich und erklärlich, aber sie sind nicht berechtigt.

Wären sie das, so müßte der Sprachverein einen verhängnißvollen Irrthum begehen, der es aller Welt klar machen müßte, daß er wirklich eine chinesische Mauer um den deutschen Sprachschatz zu ziehen und in widerwärtiger Deutschthümelei eine unerhörte Tyrannei zu üben sich unterfange. Er müßte sich gegen das Betreiben fremder Sprachen ereifern, wofür eine heutzutage recht mächtige Zeitströmung eine große Versuchung für ihn sein könnte, wenn er nicht auf dem rechten Wege wäre. Ereifern sich doch heutzutage so viele Leute für Abschaffung des Unterrichtes im Griechischen und Lateinischen, und sprechen sie dabei doch auch von der erhabenen Aufgabe den Unterricht im Deutschen mehr zu pflegen, womit sie die Forderung, daß der naturwissenschaftliche Unterricht noch weit größere Ausdehnung gewinnen müsse, volksthümlich machen wollen.

Wäre der Sprachverein auf dem falschen Wege, auf dem ihn Sprachgelehrte und andere Fachgelehrte zu sehen glauben, so würde er nicht bloß mit den Eiferern für Abschaffung des Grie=

chischen und Lateinischen gemeinsame Sache machen, sondern er würde sie noch dadurch überbieten, daß er auch auf Abschaffung des Unterrichts im Französischen dränge und gegen die etwaige Einführung des Unterrichts im Englischen auf Gymnasie sich auf das Entschiedenste verwahrte.

Wenn der Verein das thäte, dann würden in der That die Vorurtheile gerechtfertigt sein, die gegen ihn gehegt werden.

Aber er denkt nicht im Entferntesten daran. Er hat auch nicht das Geringste davon verlauten lassen, daß der Deutsche nicht fremde Sprachen erlernen sollte. Er will bloß darauf hinwirken, daß der Deutsche, wenn er deutsch sprechen will, auch ein wirkliches Deutsch spreche, nicht ein solches, das von Fremdwörtern strotzt. Er hat nicht das Geringste dagegen einzuwenden, daß die deutsche Jugend durch den Unterricht in fremden Sprachen daran gewöhnt werde, auf fremdes Denken einzugehen, sich in fremdes Denken hineinzudenken und hineinzuleben. Aber er hält es für die Vollendung dieser Bereicherung des Denkens, wenn der Deutsche das, was er in fremden Sprachen zu denken gelernt hat, in seiner Sprache, sobald er sich derselben bedient, deutsch zu denken und gut deutsch auszudrücken sich angelegen sein läßt. Und dazu gibt ihm die so reiche deutsche Sprache meist auch hinlänglich Gelegenheit, so daß das Bedürfniß, für fremde Ausdrücke neue deutsche Wörter zu schaffen, verhältnißmäßig zurücktreten kann. Der Sprachverein ist also nur dagegen, daß man meint, in einer Fremdwörterherrschaft sei eine wünschenswerthe Bereicherung deutschen Denkens und deutschen Sprechens zu sehen.

In dieser Beziehung stellt er denjenigen Sprachforschern, die ihm widerstreben, gleichsam eine Preisaufgabe, deren Fassung etwa lauten könnte: „Wird das deutsche Denken besser bereichert, wenn bei Erlernung fremder Sprachen möglichst viel fremde Ausdrücke ins Deutsche herübergenommen werden, oder wenn mit der Erlernung fremder Sprachen die möglichste Reinerhaltung und sorgfältigste Pflege der eigenen Sprache Hand in Hand geht?"

Daß nicht in der Herübernahme fremder Ausdrücke eine bessere Bereicherung deutschen Denkens und Sprechens liegt als in der Durchdringung der fremden Ausdrücke durch deutsches

Denken und in der deutschen Wiedergabe des fremd Gedachten, das lehrt der vom deutschen Volke durchgemachte Bildungsgang, nämlich die Geschichte jener Bewegung, welche durch das Erwachen des Sinnes für das Verständniß der Sprachschätze der Römer und Griechen hervorgerufen wurde.

Damals hielten sich die Deutschen den Römern gegenüber für Barbaren, und sie sahen in dem Latein die wahrhaft auserwählte Sprache, die der ihrigen unendlich überlegen sei. Bei dem Zustande der Verwilderung, in dem sich damals die in lauter Mundarten zerspaltene deutsche Sprache befand, war das ja auch ganz richtig. Und selbst wenn man eine geschichtliche Kenntniß der deutschen Sprache gehabt, wenn man das Gotische, das Althochdeutsche und das Mittelhochdeutsche in seiner Glanzzeit gekannt hätte, so würde man doch haben finden müssen, daß das Latein der Zeit, aus der die uns bekannten Schriftwerke stammen, im Satzbau Vorzüge hat, deren sich das Deutsche bis dahin noch nie zu erfreuen gehabt hat.

Es lag daher schon in der bloßen Erlernung der lateinischen Sprache eine gewaltige Bereicherung des Denkens für die Deutschen, noch mehr aber darin, daß man mit der Sprachkenntniß später ein eindringendes Verständniß für das eigenthümliche Wesen und Wirken des römischen Volkes und für seine Machtentwicklung gewann, so daß man sich überzeugte, daß wir uns selbst nicht recht verstehen, wenn wir die Geschichte der Römer nicht verstehen, auf deren Errungenschaften wir fußen.

Der so geweckte geschichtliche Sinn ließ bald erkennen, was die Römer den Griechen in Kunst und Wissenschaft zu danken hatten, und auf Grund dieser Erkenntniß drang man ein in die noch viel großartigere Gedankenwelt, die sich der Beschäftigung mit der griechischen Sprache und der griechischen Schriftwerke aufthat.

Die fruchtbarste Erweiterung des Denkens, das diese Bewegung für die Deutschen zur Folge gehabt hat, ist nun die, daß uns Deutschen durch die Beschäftigung mit den Sprachen der Griechen und Römer und ihren Schriftwerken das Verständniß für das deutsche Wesen erschlossen worden ist. Im Ringen des deutschen Denkens mit dem Denken der Griechen und Römer ist das deutsche Denken erstarkt und hat sich mehr und mehr auf sich selbst besonnen.

Es war ein langwieriger Lehrgang, den das deutsche Volk durchzumachen hatte, um dahin zu gelangen. Es mußte erst zu einem tieferen Verständniß der Griechen und Römer sich hindurchringen, um zum Selbstverständniß zu kommen. Die unbedingte Zwangsherrschaft, welche die fremden Sprachen und Stoffe fast drei Jahrhunderte hindurch ausgeübt hatten, waren eine mühsame Vorbereitung zu einem tieferen Selbstverständniß. Das deutsche Wollen, Denken und Fühlen hatte sich durch Unterwerfung unter das Fremde zur Selbstständigkeit emporgerungen, daß es zu einer Vermählung des deutschen Wesens mit dem griechisch-römischen kam.

So konnten selbstständige Männer von echtem deutschen Sinn die vaterländische Dichtkunst begründen, Männer wie Klopstock, Lessing und Herder, die doch von den Griechen und Römern gelernt hatten, aber als freie deutsche Männer. Eine wirkliche Vermählung des griechisch-römischen und des deutschen Wesens wurde durch Goethe und Schiller herbeigeführt.

Das fremde Wesen hatte also das deutsche zuerst überwältigt und auf lange Zeit niedergehalten, aber es hatte das deutsche Wesen doch nicht vernichtet, sondern befruchtet, und es hatte den dunklen Drang hervorgerufen, das griechisch-römische Wesen mit Selbstständigkeit und mit eigener Kraft zu erfassen. Dadurch war es zu einer großartigen Bereicherung des deutschen Wesens gekommen.

Aber es sollte doch noch mehr erreicht werden. Es sollte auch noch die klare Erkenntniß erzielt werden, daß Griechisch, Lateinisch und Deutsch ganz nahe verwandte Sprachen seien, daß also kein Grund vorhanden sei, etwa die Sprache der Goten, wie wir sie aus der Bibelübersetzung des Vulfila kennen, auch nur im Geringsten als eine barbarische Sprache gegenüber denen der Griechen und Römer anzusehen.

Die Früchte nun, die der Bildungsgang des deutschen Volkes während der letzten vier Jahrhunderte im Erlernen der lateinischen und griechischen Sprache gezeitigt hat, kommen denjenigen die jetzt Lateinisch und Griechisch lernen, darin zu Gute, daß sie auf Grund der Kenntniß dieser Sprachen am leichtesten zum vollen Verständniß der deutschen gelangen können.

Und sollte daraus nicht als Endergebniß die Pflege der eigenen Sprache und ihre Reinerhaltung folgen? Sollte nicht darin erst der segensreiche Abschluß des Bildungsganges bestehen, den das deutsche Volk durchgemacht hat, in dem Ringen nach Selbstständigkeit der deutschen Sprache, nach Freiheit von aller Fremdwörterherrschaft? Gewiß, wenn anders es ein deutsches Denken gibt und nicht bloß ein allgemein menschliches Denken.

Letzteres geht ja freilich im deutschen Denken nicht völlig auf. Dasselbe Denken, auf Grund dessen in der Entwickelung der Menschheit die Sprachbildung erfolgt ist, und auf Grund dessen sich noch immer das Kind bis zur Spracherlernung entwickelt, ist auch beim sprechenden Menschen noch immer der Urquell seines entwickelten Denkens. Aus ihm tauchen noch immer die aus der Tiefe des menschlichen Wesens entsprungenen dunklen Anregungen zu ganz neuen Gedanken hervor, die im sprachgeformten Denken zu einem klaren Ausdruck gebracht werden sollen. Es ist ein dunkler Drang. Das klare, tageshelle Denken ist immer nur das sprachgeformte. Bei ihm ist das übersinnliche Denken mit den sinnlichen Sprachlauten und Sprachformen in eine auf innigster Durchdringung beruhende Gemeinschaft eingetreten.

Daher sind fremde Lautgebilde, sobald sie einem Menschen unverständlich sind, oder ihr Sinn nur ganz von ferne geahnt wird, für sein Denken störend, sie müssen seine Klarheit trüben, müssen ihn dessen entwöhnen, mit Sprachlauten immer einen klaren Sinn zu verbinden, müssen ihn an die Umdunklung seines sprachgeformten Denkens gewöhnen, dessen ursprüngliches Wesen doch ist, ein taghell klares zu sein.

Hierfür ein Beispiel aus der Zeit der letzten Landtagswahlen. „Was sind denn Kartell=Parteien?" wurde ich von jemand gefragt, der bisher nur von Kartell=Trägern gehört und bei dem Worte „Kartell" nur an Zweikampf zu denken sich gewöhnt hatte. Mit der dadurch bedingten Auffassung, daß Kartellparteien feindliche Parteien seien, hatte es nun nicht stimmen wollen, was die

Zeitungen über die Breslauer Kartell=Parteien, namentlich über das ihnen gegenüber ausgesprochene Lob aus hohem Munde be= richtet hatten.

So hat es denn Luther bei Veranstaltung seiner Bibelüber= setzung nicht für seine Aufgabe gehalten, die deutsche Sprache durch Herübernahme fremder Ausdrücke zu „bereichern". Er ist vielmehr als ein rechter Volksmann nur darauf bedacht gewesen, zum ganzen Volke deutlich und vernehmlich zu reden. Daher richtete er sein ganzes Augenmerk darauf, „deutsch zu reden", und dabei befolgte er den Grundsatz: „Man muß nicht die Buchstaben in der lateinischen Sprache fragen, wie man soll deutsch reden, son= dern man muß die Mutter im Hause, die Kinder auf den Gassen, den gemeinen Mann auf dem Markte herumfragen und denselben auf das Maul sehen, wie sie reden, und darnach dolmetschen, so verstehen sie es denn und merken, daß man d e u t s c h mit i h n e n redet." Und dabei ist er doch aufs Allertiefste eingedrungen in das Verständniß der so verschiedenartigen biblischen Schriften, die er zu übersetzen hatte; er hat die Gedanken, die er wiedergeben wollte, nicht bloß dem äußeren Wortlaut nach verstanden, sondern er hat sie d u r c h l e b t mit seinem ganzen inneren Menschen. Er hat es erlebt, was Sünde, Gnade, Erlösung, Buße, Glaube, Liebe, Hoffnung sind; er ist mit den Psalmisten ein Beter, mit den Gottesmännern wie Jesaias und Jeremias ein Prophet ge= wesen, mit den Aposteln Jesu ein Apostel. Aber er war kern= deutsch und wollte die Psalmisten, die Propheten und Apostel, sowie den Herrn Jesus zum d e u t s c h e n V o l k e d e u t s c h reden lassen. Und so hat es denn Luther in einer Weise, die einzig in ihrer Art dasteht, verstanden, d a s d e u t s c h e D e n k e n u n d S p r e c h e n mit f r e m d e m D e n k e n u n d S p r e c h e n z u v e r= m ä h l e n Das ist ihm durch die Kraft s e i n e s d i c h t e r i s c h e n u n d s p r a c h s c h a f f e n d e n G e i s t e s gelungen.

Hätte es im deutschen Volke zu allen Zeiten viele solcher Luthernaturen gegeben, so hätte die deutsche Sprache fort und fort an fremden Sprachen bereichert werden können, ohne daß fremde Wörter in dieselbe aufgenommen worden wären. Das war denn nun freilich nicht der Fall, und so fand denn Luther eine große Zahl von Wörtern vor, die aus fremden Sprachen stammten, die aber so eingebürgert waren, daß er gar nicht daran dachte, sie verdrängen zu wollen. Gewiß hat er von manchen derselben den fremden Ursprung gar nicht erkannt, da er nicht Sprach= forscher im Sinne des 19. Jahrhunderts war. Aber von einer großen Zahl konnte ihm der fremde Ursprung nicht unbekannt sein. Da ist er denn wohl nach dem Grundsatze verfahren, daß, wenn auch an sich ein ächt deutsches Wort verständlicher wäre, als das fremde, ein einmal eingebürgertes fremdes Wort dem Volke verhältnißmäßig doch noch verständlicher sei, als ein dafür neugebildetes deutsches Wort. Der Tadel, den Heinrich Rückert deshalb gegen ihn ausgesprochen hat, ist unbegründet.

Ich habe mir ein Verzeichniß solcher in Luthers Bibelüber= setzung vorkommender Wörter angelegt, von dem ich keineswegs glaube, daß es vollständig ist. Es sind ihrer mehr als 200. Indem ich einige derselben erwähne, will ich absehen von Wörtern, wie Amen, Cherubim, Cab, Seraphim, Hosianna, Jaspis, Kezia, Passah, Pharisäer, Rabbi, Sabbat, Satan, Sabbucäer, Sapphir, Sela, Ysop oder Isop, Zebaoth, die aus dem Hebräischen stammen, auch von solchen, deren fremder Ursprung nicht sogleich auf der Hand liegt, wie Dolmetsch, Grenze, Pitschaft, Peitsche, die aus dem Polnischen stammen. Ich betone nur Worte, deren latei= nischer Urspung auch für Luther auf der Hand liegen mußte, wie Altar, Anker, Creatur, disputiren, Element, Epistel, Exempel, Fabel, Fenster, Flamme, Firmament, Form, formiren, Frucht, gebenedeiet, Kammer, Körper, Legion, Majestät, Natur, Pallast, Person, Pestilenz, Planet, Pforte, Pflaster, Pöbel, Poet, poliren, Regel, Rumor, Scepter, Summa, Tempel, Testament, Tribut. Ebenso war Luther über den griechischen oder griechisch=lateinischen Ursprung folgender Wörter schwerlich im Zweifel: Apostel, Apo= theker, Chor, Christus, Crystall, Drache, Engel, Lampe, Monarch, Musik, Pfingsten, Philosophie, Priester, Prophet, Purpur, Schule.

Es ist ja möglich, daß es im Sprachverein einzelne oder vielleicht auch nicht ganz wenige Leute giebt, die weder wie Luther deutsches und fremdes Denken vermählen können, noch auch die eingebürgerten und allgemein üblich gewordenen Lehn= wörter sowie er mit Schonung zu behandeln wissen. Das mögen die Sprachgelehrten der Unvollkommenheit oder dem Uebereifer der Einzelnen zuschreiben. Sie mögen aber um des willen nicht Ursach zu haben glauben, sich von dem Verein fern zu halten. Vielmehr mögen sie die Bestrebungen recht kräftig unterstützen, soweit sie dieselben billigen. Wer z. B. „die Versuche, die natürliche Pflege und Ausbildung und die Kenntniß und den verständnißvollen Gebrauch der deutschen Sprache zu fördern lebhaft und hocherfreut begrüßen" kann, der hat hinreichend Anlaß, sich dem Verein anzuschließen, ihm mehr zu sein als ein bloßer Beobachter, der mit verschränkten Armen seinem Thun und Treiben nur zusieht und für das, was er billigen kann, nur Worte des Lobes hat. Er hat vielmehr Grund genug, mitzuwirken. Und gerade in dem, worin ihm viele Vereinsmitglieder oder auch der Verein als solcher in Irrthum befangen zu sein scheinen, sollte er sich doch für verpflichtet halten, ein gutes Werk zu thun, indem er das Irrthümliche nachweist und dadurch dem Irrthume zu steuern sucht.

Er kann auch Gelegenheit finden, dem Irrthum vorzubeugen. Wer auf rechtem Wege ist, kann auch auf Abwege gerathen. „Es irrt der Mensch, so lange er strebt." Das kann auch dem Sprachverein begegnen, sowohl den einzelnen Mitgliedern, als auch dem Verein als solchem.

3. Der Irrthum.

Am leichtesten können Irrthümer des Sprachvereins jedenfalls bei den „Verdeutschungsentwürfen" vorkommen, von denen der auf die Speisekarte bezügliche bereits durch den Buchhandel veröffentlicht ist, dem bald noch andere folgen werden, die gegenwärtig noch der Berathung unterliegen. Sie betreffen das gesellschaftliche Leben und die Handelssprache. Es ist dabei nicht etwa darauf abgesehen, dem deutschen Volke vorzuschreiben, wie es in Zukunft zu reden habe. Ein solches Unterfangen würde allerdings von schwerem Irrthum zeugen. Die Absicht ist vielmehr, wie es Herr Prof. Dr. Dunger auf der Hauptversammlung zu Kassel ausdrücklich hervorgehoben hat, die Arbeit bis zur Herstellung eines vollständigen Fremdwörterbuches fortzuführen, das den Vorzug haben soll, aus der gemeinsamen

Arbeit Vieler hervorgegangen zu sein. Dabei ist es für ganz besonders wünschenswerth erklärt worden, daß zu denen, welche auf den betreffenden Gebieten Sachverständige sind, sich auch Sprachkenner hinzugesellen möchten.

Vielleicht ist dies noch zu wenig geschehen, und es wäre in den Entwürfen manches anders ausgefallen, wenn es mehr geschehen wäre. Wahrscheinlich hätte man z. B. nicht die Form gewählt, die der eine Entwurf hat, daß zwischen dem Fremdwort und dem deutschen Ausdruck das Zeichen = gesetzt wird, was doch „gleich" bedeutet.

Darin wird der Sprachforscher einen Irrthum sehen. Er wird diese Form nur für den Fall für anwendbar halten, wo zwei Wörter trotz ihrer Formverschiedenheit ihrer Wurzel nach wirklich gleich sind, z. B. hostis und Gast, dens und Zahn, in welchen Fällen durch die sogenannte „Lautverschiebung" ein den Römern und Deutschen gemeinsames Wort nur eine andere Form bekommen hat, während es seinem Wesen nach dasselbe Wort ist. Wo aber ein Wort nur übersetzt oder gar nur ersetzt wird, da ist, streng genommen, das Zeichen = nicht anwendbar. Und was sind unsere Uebersetzungen!

Wir haben uns gewöhnt, unter Uebersetzen eine genaue Wiedergabe eines in fremder Sprache ausgedrückten Gedankens zu verstehen. Wir unterscheiden zwischen wörtlicher und freier Uebersetzung. Ergibt die wörtliche Uebersetzung kein gutes, fließendes Deutsch, so erlauben wir uns die freie Uebersetzung! Die Voraussetzung ist dabei aber, daß der Gedanke genau wiedergegeben werde.

Dadurch sind wir gewöhnt, unter Uebersetzen immer eine genaue Wiedergabe des Fremden zu verstehen. Dadurch aber werden wir leicht zu dem Irrthum verleitet, als sei die Wiedergabe einzelner Wörter, an die wir gewöhnt sind, genau und demnach für eine wirkliche Uebersetzung zu halten, während sie in zahllosen Fällen nur eine Ersetzung ist.

Wenn luna durch „Mond" wiedergegeben wird, so sind wir daran gewöhnt und denken nun leicht, es sei das eine Uebersetzung. Aber luna bedeutet die „Leuchtende", „Mond" dagegen „der Messende". Uebersetzung ist das also nur dem herkömmlichen Gebrauche nach. Wir glauben zu übersetzen, wenn wir für carpere pflücken sagen. Und gebräuchlich ist das ja! Aber pflücken stammt von pilus das Haar und bedeutet eigentlich nur das Ausziehen eines Haares.

Sprechen wir nun vom Ersetzen der Fremdwörter, so meinen wir damit eine Wiedergabe derselben, bei der wir uns nicht an die gebräuchliche Uebersetzung binden. Es gibt ein aus dem Polnischen stammendes Wort, das Luther gern anwendet, wo wir von Uebersetzen sprechen. Er sagt dafür gewöhnlich „dolmetschen". Eine Dolmetscher nun hat dadurch eine Verständigung zwischen Leuten von verschiedener Sprache herbeizuführen, daß er den Sprachgebrauch des einen in den Sprachgebrauch des anderen umsetzt. Ob die Wörter, streng genommen' ganz den gleichen Sinn haben, darauf kommt es dabei nicht an, also nicht auf ein Uebersetzen im strengsten Sinne. Aber der Dolmetscher ist auch an den Sprachgebrauch jeder der beiden Parteien gebunden, zwischen denen er eine Verständigung herbeizuführen hat. Wer nun ein Fremdwort bloß ersetzt, der bindet sich nicht an eine herkömmliche Wiedergabe desselben, sondern will erst einen neuen Sprachgebrauch herbeiführen.

Man hat nun in den Entwürfen jede deutschen Wiedergabe fremder Wörter „Verdeutschung" genannt. Das ist richtig, wenn man „deutsch" im ursprünglichen Sinne nimmt, wonach es „volksmäßig, dem Volke eigen" bedeutet, womit „deuten" zusammenhängt, dessen ursprünglicher Sinn ist „volksverständlich machen, in der Volkssprache auslegen." In diesem Sinne hat vielleicht auch Luther Matth. 27,33 gesagt: „Golgatha", d. i. verdeutscht Schädelstätte", während er in solchen Fällen sonst immer „verdolmetscht" setzt.

Dieser ursprüngliche Sinn von „verdeutscht" ist aber jetzt nicht als allgemein bekannt vorauszusetzen, daher wäre es zweckmäßig gewesen, ihn bei Aufstellung der Entwürfe in Erinnerung zu bringen. Uns ist die deutsche Sprache nicht mehr die Volkssprache im Gegensatze zur Sprache der Vornehmen, die im Frankenreiche das Romanische sprachen. Uns ist sie die Sprache der Deutschen, von denen die Meisten nicht mehr wissen, warum sie so heißen, und was die ursprüngliche Bedeutung dieser Benennung gewesen ist. Uns ist es diejenige Sprache, deren Eigenthümlichkeiten uns geläufig sind. An diese sprachlichen Eigenthümlichkeiten denken wir, wenn von deutscher Sprache die Rede ist.

Da nun Eigenschaftswörter, wenn sie durch die Silbe „ver" zu Thätigkeitswörtern gemacht werden, wie „verrohen, vereblen, verschönen, versüßen, versauern", die Bedeutung bekommen, daß einem Gegenstande die betreffende Eigenschaft mitgetheilt wird, ohne daß er darum selbst aufhörte zu sein, so kann unter „Verdeutschung" eines Fremdwortes nach dem jetzt üblichen Sinne von „deutsch" eigentlich nur verstanden werden, daß einem Fremdwort, ohne daß es selbst beseitigt wird, etwas von den Eigenschaften der deutschen Sprache verliehen wird. In diesem Sinne wäre „Tisch" eine „Verdeutschung" von discus, „Titel" von titulus, „Silbe" von syllaba, „Kaution" von cautio. Wackernagel hat sich für solche Fälle des Ausdruckes „Umdeutschung" bedient.

Von den Entwürfen des Allgemeinen deutschen Sprachvereins hat der eine nur zwei solcher Verdeutschungen, nämlich „teuflisch" für „diabolisch" und „Jubelfeier" für iubilaeum. Im ersten Falle stammen beide Wörter von διάβολος, wovon Teufel eben die entschiedenere Verdeutschung ist, während in „diabolisch" die ursprüngliche Form mehr beibehalten worden ist. Im andern Falle ist das hebräische Wort jôbēl, was Luther in der Zusammensetzung mit „Jahr" in der Form „Halljahr" übersetzt hat, zu iubilaeum lateinisirt und in der Form „Jubel" verdeutscht oder „umgedeutscht" worden.

Ein anderer Entwurf hat mehr derartige „Verdeutschungen", z. B. Bankerott für frz. banqueroute. Dem französischen Wort ist eine deutsche Aussprache und deutsche Schreibung verliehen. Uebrigens stammt es von dem gutdeutschen Worte „Bank", ebenso wie banquet, d. i. „verdeutscht" Bankett. Verdeutschungen sind auch Bukett für bouquet (aus mittellateinisch buscus oder boscus, woraus mhd. busc, bosc, busch, nhd. Busch wurde, auch bosch bosche, büschel, nhd. Büschel); brutal für brutal, was ganz verschieden ausgesprochen wird; „brünet" für brunet, wovon das Gleiche gilt, wozu noch kommt, daß auch die Schreibweise eine verschiedene ist, und daß außerdem das Wort deutschen Ursprungs ist, nämlich von ahd. und mhd. brûn, prûn, was mit ahd. prinnan, brinnan, brinen, mhd. brinnen b. i. brennen, wie Feuer glänzen, zusammenhängt. Auch „Brille" ist eine „Verdeutschung", nämlich von beryllus (βήρυλλος), von dem glänzenden Edelstein, den Kaiser Nero als Augenglas verwendete. Bei „brillant" brauchten wir uns nur zu entschließen, es deutsch auszusprechen, dann wäre es auch eine „Verdeutschung".

Der Begriff der Verdeutschung in diesem engeren Sinne ergibt eine leicht faßliche Anweisung dafür an die Hand, welche Fremdwörter unter allen Umständen zu vermeiden sind, nämlich alle, die nicht deutsch geschrieben und ausgesprochen werden.

Weg also mit adieu, à tout prix, au fait, bagage, balance, ballottage, bonmot, bonvivant, bravour, broullieren, canaille, caprice, chance, charmant, chicane, chronique scandaleuse, clique, comité, contrecarrieren, courage, courtoisie, cousin, dandy, desavouieren, detail, distinguirt, echappieren, echauffieren, éclat, enchantieren, encouragieren, ennuyieren, enragiert, enrhumiert, entrepreneur, équipage, esprit, façon, faiseur, fait accompli, farce, fashionable, faux pas, force, garçon, genre, goutieren, hautevolée, honneurs, horrible, larmoyant, léger, liaison, loyal, magnifique, malheur, mal à propos, malice, malpropre, méchant, metier, misère, moquant, moquieren, niveau, nonchalant, nuance, octroyieren, outrieren, particulier, pêle-mêle, penchant, pendant, peu-à-peu, plaisir, pleinpouvoir, pointe, protegé, rage, recherche, rencontre, rendez-vous, renomage, renommée, rentier, roué, soirée, souvenir, touchieren, ungenirt, velleität, villeggiatur. Viele von diesen Wörtern sind besonders dadurch anstößig, daß sie halb verdeutscht, halb französisch sind.

Aus der Handelssprache verdienen ohne alle Umstände verwiesen zu werden abonnement, d'accord, à condition, à conto, acquirieren, acquisiteur, acquit, per acquit, a dato, affaire, affiche, affichieren, affidavit, à fonds perdu, agio, agiotage, à jour, allonge, al pari, annonce, annoncieren, arbitrage, arrangement, asseeuradeur, associé, à tout prix, au courant, au fait, au fond, au porteur, avance, avancieren, avis, baisse, baissier, balance, bilance, ballotage, banquier, blanquet, blanquieren, en bloc, bordereau, branche, brouillon, bureau, bureauchef, chance, change, chef, commis, compagnie, per comptant, comptoir, à conto, conto finto, conto meta, contremine, cote, coulant, coulanz, coupon, courant, cours, coursavance, courtage, courtier, couvert, debit, decharge, dechargieren, decouvert, delcredere, delcrederefonds, depôt, deroute, detachieren, detail, disagio, dont, écart, engagement, enquête, entente, entrepreneur, entreprise, escompte, etablissement, etat. exploitieren, faillieren, fallissement, finance, fond, fonds, force majeure, genre, girieren, giro, en gros, hausse, haussier, journal, marge, per mille, pro mille, netto provenu, nostro conto, obligo, ordre, panique, perte. placieren, police, portefeuille, porteur, pour acquit, provenu, receipt, recepisse, recherche, reglement, rembours, rendement, rentier, reprise, ressort, retour, retournieren, revenue, roulieren, routine, safe, saison, souche, stellage, tantième, tel quel, titre, usance, usanciel, valeurs.

Ich habe diese Wörter so angeführt, wie sie in dem betreffenden Entwurfe zu lesen sind. Ich habe mich daher auch nicht für verpflichtet gehalten, etwa fehlende Betonungszeichen hinzuzufügen. Viele der angeführten Wörter sind ein trauriges Gemisch aus fremdem Wortstoff und halber Verdeutschung.

Daß mit dem angeführten fremden Wortkram, der in keiner Weise „umgedeutscht" ist, Kehraus gemacht werden muß, darüber wird wohl allgemeine Uebereinstimmung herrschen. Doch bleiben noch manche in den Entwürfen als entbehrlich bezeichnete fremde Ausdrücke übrig, über welche die Meinungen getheilt sein können.

Es wäre ein Irrthum, wenn man hoffen wollte, die Aufstellung von solchen Entwürfen hätte die Aussicht für sich, daß das deutsche Volk, nachdem der Hauptvorstand des allgemeinen deutschen Sprachvereins auf Grund der Gutachten der Zweigvereine nach reiflicher Ueberlegung seine endgültigen Vorschläge gemacht haben wird, nun auch so fügsam sein werde, sich die Befolgung derselben ausnahmslos angelegen sein zu lassen. Diese Hoffnung würde ein Zeichen sein, daß man etwas sehr Wesentliches übersehen hätte. Man würde übersehen haben, wie groß die Macht des Wollens in sprachlichen Dingen ist. Von den

Wollen jedes Deutschen hängt es ab, ob er statt fremder Wörter die eben nur vorgeschlagenen deutschen Ausdrücke brauchen will. Will er es nicht, so läßt er es und spricht unter Umständen das gräulichste Rauberwelsch.

Wollen die Mitglieder des Sprachvereins sich streng an die endgültigen Vorschläge des Hauptvereins binden, so kann sich an ihnen doch immer noch der Spruch erfüllen: „Wollen habe ich wohl, aber vollbringen das Gute finde ich nicht." Wer kann alle die Verzeichnisse im Kopfe haben! Und gesetzt, alle wären so glücklich, wer hat sich immer so in der Gewalt, daß ihm nicht beim schnellen Sprechen doch manches Fremdwort mit einflöße, das ihm nun einmal geläufig geworden ist!

Gesetzt aber auch, es gelänge allen Mitgliedern des Sprach= vereins, allen Verdeutschungsvorschlägen ohne jede Ausnahme nachzukommen, werden sie unter den Millionen von Deut= schen, die nicht zu ihnen gehören, wie ein Sauerteig wirken? Das ist so ganz einfach nicht. Dazu muß in den verschie= denen Kreisen des Lebens eine möglichst allgemeine Uebereinstimmung über die in ihnen herrschende Redeweise erzielt werden. Geschieht das nicht, so muß in allen den Fällen, wo der Einzelne nicht freie Hand hat, sondern gebunden ist und Rücksicht zu nehmen hat, eine Reibung eintreten, sobald er mit Ausdrucksweisen kommt, bei welchen er diese Rück= sicht eben aus den Augen setzt.

Freie Hand hat der Schriftsteller, der seines Leserkreises ge= wiß ist. Freie Hand hat der Mann, der von seinen Zinsen lebt und sie in so auskömmlicher Weise hat, daß er allen Leuten als der Herr und Gebieter gegenüber treten kann. Wer aber in einem Berufsleben steht, der hat nicht freie Hand. Wird er in seiner Rede auffällig, so wird er anstößig, und das kann er durch das beste Deutsch werden, das er schreibt oder spricht. Wer einem Bankgeschäft als Beamter angehört, darf sich durch den Sprachverein nicht dazu verleiten lassen, seinen ersten Vorgesetzten mit „Herr Vorstand" anzureden. Er wird daran gebunden sein, ihn Herr „Direktor" anzureden, so lange diese Benennung nicht von zuständiger Seite abgeschafft ist, und so lange noch ein Unterschied besteht zwischen einem Bank=„Direktor" und einem Bank=„Vorsteher".

Es ist ein Irrthum, wenn man es damit zu leicht nimmt, daß man glaubt, in dem Gebrauche von Ersatzwörtern für eingebürgerte fremde Ausdrücke freie Hand zu haben. Wenn auch nur Vorschläge für diesen Ersatz gemacht werden, so darf selbst das nur unter Vorbehalt geschehen. Man hat nicht etwa die Befugniß, nach ungefährem Ermessen seine Vorschläge zu machen, sondern man ist durch alle mögliche Rücksichten gebunden, nicht am wenigsten durch die Rücksicht auf die Sprachwissenschaft, die der Verein schlechterdings für sich zu gewinnen suchen muß, was sich der Vorstand des Vereins denn auch in jeder Beziehung angelegen sein läßt.

Je mehr es ihm gelingt, mit den Männern der Sprachwissenschaft Fühlung zu gewinnen, sie zur thätigen Mithülfe für seine Arbeit heranzuziehen, desto mehr Förderung wird dieser Arbeit zu Theil werden. Welche Dienste würde der Vereinssache geleistet werden, wenn sich alle die Herrn Sprachkenner — wie es der Verein ja so sehr wünscht — bereit finden ließen, über alle Wörter, die in den Entwürfen des Sprachvereins angeführt sind, sprachgeschichtliche Auskunft zu geben! Auch die zum Ersatz vorgeschlagenen Wörter müßten sprachgeschichtlich beleuchtet werden, um irrthümlichen Auffassungen vorzubeugen. Man würde z. B. nicht sagen: „caprice = Laune, Grille". Es erweckt das ja doch den Schein, als hielte man „Laune" und „Grille" für urdeutsche Wörter, die dem Worte caprice völlig entsprächen. Sie stammen aber von luna, der Mond, und gryllus, der Grashüpfer, das Heupferd; caprice aber ist aus capra, die Ziege entstanden und bezeichnet ein Benehmen, das dem der springenden Ziege vergleichbar ist, wie ital. capriola (von caper, der Bock) den Bocksprung, eigentlich und bildlich, bezeichnet. „Laune" dagegen bedeutet eine Veränderlichkeit der Gemüthsstimmung, die der des wechselnden Mondes gleicht. „Grille" aber kommt in bildlicher Bedeutung zunächst in der Wendung „Grillen fangen" vor, dann auch in der Redensart „sich mit Grillen plagen", d. i. sich kleinliche Sorgen machen, was denn auch die Folge hat, daß sich Grillen als „böse Gäste" einstellen, wie Aennchen im Freischütz singt.

Dieses eine Beispiel mag genügen. An ihm kann auch klar werden, daß die Sprachwissenschaft dem Sprachverein darin zu helfen hat, daß eine recht ausgiebige Verdeutlichung der Wörter vorgenommen wird. Hier gilt der Grundsatz: „Eins thun und das andere nicht lassen". Mag der Sprachverein immerhin Wörter fremden Ursprungs „verdeutschen". Aber es wäre ein Irrthum, wenn er meinte, daran thäte er genug. Ebenso wichtig ist die Wortverdeutlichung, das ist auch für viele deutsche Wörter wünschenswerth. Es gibt zunächst Wörter, die dunkler Herkunft sind, wie Weigand sagt, der als solche u. A. folgende bezeichnet: Beere, Dorn, Eib, Eiche, Finger (nach Max Müller mit „fangen" verwandt), Fleck, frisch, Frist, gar, Garbe, Gaul, Hagel, Haken, Haub, Harfe, Harn, hauchen, Heer, Heher oder Häher, Kauz, Kranz, Krebs, Kröte, Locke, Molch, Motte, Narr, pochen, prassen, Raupe, Rebe, Rohr, Roß, Sattel, Schädel, Schalk, Schatz, Schaum, Scherflein, Seim, Treber. Vielleicht können die Sprachforscher hier verdeutlichen helfen.

Bei manchen Wörtern ist nachweisbar, daß sie uraltes indogermanisches Sprachgut sind. Solche sind: Vater, Mutter, Bruder, Schwester, Tochter, Schwager, Familie, Athem und Odem, Thier, Vieh, Herz, Auge, Ohr, Fuß und Pfote, Mann, Haupt, Knie, König, Reich, Sitz, Sessel, Gast, Kind, Name, Statt, Stelle, Zähre, Zahn, Fall, Ente, Gans, Fisch, Füllen, Joch, Flechte, Horn, Herbst, Halm, Salz, Hund, Wurm, Werk, Wolle, Buche, Schiff, Nachen, Thür und Thor, Bahre; ferner: gern, heil, heiter, gesund, lieb, recht, viel, voll, fahl, minder, mittel, neu, roth, satt, schön, fromm, süß, dürr, eigen; ferner: wissen, wollen, sehen, schauen, bewegen, sammeln, essen, kosten, wirken, fahren, laufen, zimmern, binden, brechen, ziehen, dehnen, biegen, beben, zeigen, trösten, keimen, leuchten, füllen, begehren, rauben, rufen, mahlen, zähmen, graben, sitzen, scheiden, schmelzen, stechen, zünden, schweben, dulden, schwitzen, wälzen.

Eine möglichst vollständige Zusammenstellung solcher Wörter würde, zumal wenn sie nach sachlichen Gesichtspunkten erfolgte, erkennen lassen, wie weit das Leben derer, von denen unsere deutsche Sprache herstammt, damals bereits sich entwickelt hatte, als sie die Sprach- und Lebensgemeinschaft aufgaben, in der sie sich als Angehörige des indogermanischen Urvolkes befunden hatten, als sie ihre ursprünglichen Wohnsitze in Asien verließen und nach der Mitte und dem Norden Europas zogen, wo sie dann später mit den stammverwandten Völkern in Berührung kamen, die sich zu Griechen und Römern entwickelt hatten. Der Einfluß, den diese dann auf die Deutschen ausgeübt haben, spiegelt sich in den Wörtern, die aus dem Griechischen und Lateinischen entlehnt worden sind, was aber doch meist so geschehen ist, daß eine gewisse „Umdeutschung" stattgefunden hat. Eine Zusammenstellung solcher entlehnter Wörter liegt bereits vor in der Schrift „Fremdwörter des Alt- und Mittelhochdeutschen nach sachlichen Kategorien" von W. Wendler (Programm des Gymnasiums zu Zwickau 1865).

Der Sprachverein hat hier eine ähnliche Aufgabe zu erfüllen, wie sie in der Schrift „Die Bedeutung des Fremdwortes für die Schule" von Dr. Joseph Loos (Verlag von Gustav Rengebauer 1888) für den Schulunterricht dargethan wird. Abgesehen davon, daß für das Lernen von lateinischen und griechischen Vocabeln empfohlen wird, von den bekannten Lehnwörtern auszugehen, wird auf S. 24 bis 35 von der „Auswerthung des Fremdwortes nach seinem Inhalte" und auf S. 36 bis 40 von der „Auswerthung des Fremdwortes nach seiner Form" gehandelt. Es wird dabei aus einer Schrift von O. Willmanns folgende Stelle angeführt: „So lassen die Schichtlagerungen der Fremd- und Lehnwörter der deutschen Sprache die Strömungen erkennen, die das deutsche Volksleben der Reihe nach bewegten; mit einer mächtigen Lagerung ist der Eintritt des Christenthums in den Lebensinhalt der Nation bezeichnet; von den Wörtern kirchlichen Ursprungs aber heben sich die aus dem sonstigen Culturverkehr mit den Römern stammenden ab; in Fremdwörtern aus dem Arabischen findet die Zeit ihr Denkmal, wo die Moslemen den Handel des Mittelmeers beherrschten und Europas Lehrer in der Mathematik und Medicin waren; mit französischen Wörtern zeichnete sich das Ritterthum in das Gedenkbuch der Sprache ein; mit italienischen die Kaufherrn und die Tonkünstler Wälschlands; die Periode der Entdeckungen legte exotische Worte darin nieder; die Renaissance öffnete die Schleusen der alten Sprachen von neuem, die Roccocozeit führte die Invasion französischer Elemente herbei; der Universalismus der modernen Zeit brachte die mannigfaltigsten Niederschläge der internationalen Geschichtsarbeit mit sich. Ein nach diesem Gesichtspunkt angelegtes Fremdwörterbuch wäre ein Supplement der deutschen Culturgeschichte, ja in gewissem Betracht eine solche selbst."

Diesen Wink möge man benutzen, wenn man dazu schreitet, die „Verdeutschungsentwürfe" zu einem Fremwörterbuche zu verarbeiten. Aber auch solche Verzeichnisse, wie sein Loos in einem Anhange bietet, wären wünschenswerth. Er gibt zuerst Fremdwörter im Gotischen, und zwar in folgender Weise:

Nhd.	Quelle.	Gothisch.	Ahd.	Mhd.
Apostel	ἀπόστολος	apaustaulus	postul	apostel

In ähnlicher Weise werden Fremdwörter im Althochdeutschen nachgewiesen, z. B.:

Nhd.	Quelle.	Ahd.	Mhd.
Altar.	altare	altari	alter

endlich Fremdwörter im Mittelhochdeutschen:

Nhd.	Quelle.	Mhd.
Abenteuer	adventura	aventiure

Es wäre zugleich erwünscht, wenn bei solchen Uebersichten auch auf eine eingehendere Verdeutlichung sowohl der fremden, als auch der eigenen Wörter Gewicht gelegt würde. Unsere jetzigen deutschen Wörter haben vielfach nicht mehr den ursprünglichen Sinn. So bedeutete „Ort" ursprünglich „Spitze", „Wunsch" hatte den Sinn, der noch in „Wünschelruthe" vorhanden ist, daß man nämlich durch seinen Willen etwas ins Werk setzt. „Fasten" bedeutet eigentlich eine festgeordnete Lebensweise.

4. Der Wegweiser

Der Sprachverein muß sich also die Sprachwissenschaft als Wegweiser dienen lassen, der vor Abwegen bewahrt und auf Wege hinweist, die noch zu betreten sind.

Sehr beherzigenswerth ist Folgendes, was Joseph Loos (S. 6.) sagt: „Es ist natürlicher als sonst etwas, daß eine Ausscheidung von Sprachstoff erst dann möglich wird, wenn die wissenschaftliche Sichtung desselben vorausgegangen ist. In der Sprache scheidet sich eben nicht so einfach das Fremde vom Eigenen, wie die Spreu vom Hafer, in den man nur zu blasen braucht, damit jene wegfliege, weil sie leichter ist. Erfahrungsgemäß ist gerade das Fremdwort viel häufiger im Gebrauch als das entsprechende Wort der Muttersprache, hat sich also oft recht festgesetzt. Im Uebereifer jagt man dann wohl ein Wort außer Land, das nur ein fremdes Gewand hat, im Grunde aber ist es ein echtes, rechtes Kind unserer Sprache." Dies gilt z. B. von Bankett (was mit „Bank" zusammenhängt, ebenso wie Balcon mit Balken). Loos fährt dann fort: „Zu alledem bedenkt man nicht, daß, wenn man etwa alle verjagt hätte, die man an der ‚Joppe' erkannt, im heimischen Gewande noch viel, recht viel fremdländische Waare steckt. Und da hat eben die Sprachwissenschaft die gar nicht zu unterschätzende Aufgabe, die Wörter nach ihrem Passe zu fragen, diesen wieder auf das Jahr der Ausstellung zu prüfen, zwischen Lehn- und Fremdwörter richtig zu unterscheiden, auf Rückentlehnungen zu achten, und so weit ihr Einfluß reicht, die einen auf die Bannliste zu setzen, die andern für unentbehrlich zu erklären."

Daß bei Anfertigung der vom Sprachverein in Berathung genommenen Verdeutschungsentwürfe man nicht genug in diesem Sinne die Sprachwissenschaft zum Wegweiser genommen hat, das ist eine Ueberzeugung, die sich mir lebhaft aufgedrängt hat. Namentlich hat man nicht klar unterschieden zwischen Lehnwort und Fremdwort. Wenn ein Lehnwort ein zwar aus der Fremde stammendes, aber ein deutsches Gewand tragendes Wort ist, und in der Zeitschrift des Sprachvereins mehrfach grundsätzlich die Lehnwörter für beizubehaltende erklärt worden sind, so hätte manches der in den Entwürfen aufgeführten und „verdeutschten" Wörter weggelassen werden sollen. Dann ist ein Fremdwort eben ein solches aus der Fremde stammendes Wort, das auch noch immer ein fremdes Gewand hat, und zwar in Aussprache und Schreibung.

Scheidet man in diesem Sinne scharf zwischen Lehrwort und Fremdwort, so scheint es verfehlt zu sein, wenn auch noch zwischen entbehrlichen und unentbehrlichen Fremdwörtern unterschieben wird. Es macht das leicht den Eindruck, als wären mit den unentbehrlichen Fremdwörtern die Lehnwörter gemeint. Es giebt zwar Fremdwörter, denen gleichsam nur ein Läppchen von einem deutschen Gewande, nicht ein wirkliches Gewand umgehängt ist, und gerade diese mag man besonders im Auge haben, wenn von entbehrlichen Fremdwörtern die Rede ist. Aber eine ganz klare und unzweideutige Unterscheidung bleibt doch zu wünschen übrig.

Vom sprachwissenschaftlichen Standpunkte wird man es nur als einen Nothbehelf ansehen, wenn von entbehrlichen Fremdwörtern gesprochen wird. Im besten Falle wird man darin den Ausdruck der Mäßigung erblicken, darauf gerichtet, zum Maßhalten in der Beseitigung der Fremdwörter zu ermahnen. Aber man wird nicht umhin können, den Ausdruck doch als einen viel zu unbestimmten anzusehen, wodurch dem ungefähren Ermessen des Einzelnen eine Entscheidung über etwas anheimgegeben werde, worüber nach klarer sprachlicher Erkenntniß entschieden werden müsse. Allein bei dieser sprachwissenschaftlichen Betrachtungsweise wird doch zu sehr das einzelne Wort ohne Rücksicht darauf betrachtet, daß es nur im Zusammenhange lebendig, nämlich lebendiges Glied der menschlichen Rede ist. Da hat nun Professor Dr. Hermann Riegel in seinem Aufsatze „Unsere Ziele" („Zeitschrift des allgemeinen deutschen Sprachvereins" vom 1. Dezember 1888) dargethan, daß der Sprachverein fern davon ist, das Fremdwort „immer nur als Wort, als einzelnes Wort" zu fassen, sondern in seinem Kampfe, der eben keineswegs nur als ein Kampf gegen Wörter aufzufassen und zu verstehen sei, sich gegen die „Schande" richte, „welche durch die Unzahl der fremden Eindringlinge der deutschen Sprache und damit der nationalen Ehre zugefügt ist", und daß ihm daher das Fremdwort nicht hauptsächlich „Gegenstand sprachwissenschaftlicher Gelehrsamkeit, literarischen Anstandes und schriftstellerischen Feingefühls" sei.

Wird das Fremdwort blos als vereinzeltes Wort betrachtet, so wird das Urtheil immer einseitig sein. Man wird entweder möglichst jedes Wort, von dem man weiß, daß es fremden Ursprungs ist, vom Gebrauch ausschließen wollen, oder man wird es dem Gebrauch erhalten wissen wollen, da es bisher doch wenigstens irgend welche Dienste geleistet habe. Man wird diese Dienste entweder verächtlich ansehen oder sie hoch anschlagen. Man wird die Klage erheben, jedes entlehnte Wort hätte uns geschadet, oder man wird es rühmen, wie großen Nutzen sie gestiftet hätten. Man wird sie allesammt „Unkraut" nennen, welches das gute Deutsch überwuchert habe, oder man wird sie als einen Zuwachs preisen, dem die „Bereicherung" der deutschen Sprache zu danken sei. Jenen werden alle aus der Fremde stammenden Wörter entbehrlich, diesen alle unentbehrlich sein.

Wer sich nun die nöthige Mühe nimmt und Geschick hat, wird wenigstens beim Schreiben, wo er Zeit zum Ueberlegen hat, vor einem Leserkreise, dessen er gewiß ist, daß ihm die Vermeidung womöglich jedes aus der Fremde stammenden Wortes genehm ist, ganz ohne Fremdwörter auskommen können. Schreibt er aber für andere Leserkreise, so kann der Fall oft eintreten, daß ein allgemein geläufiges Fremdwort deutlicher und weniger mißverständlich ist als ein an sich noch so deutliches deutsches Wort, das aber in seiner Beziehung nicht ohne Weiteres allgemein verstanden wird. Was ist verständlicher als der Ausdruck „Knabenerziehungshaus"? Wenn aber damit das Königliche Pädagogium der Frankeschen Stiftungen zu Halle gemeint sein soll, so ist das nicht ohne Weiteres verständlich.

Es muß eben die lebendige Rede in ihrem lebendigen Zusammenhange in Betracht gezogen werden. Es sind die Menschen, die da reden, in Betracht zu ziehen, ebenso die Menschen, zu denen geredet wird. Wir Deutsche sind nun eben Deutsche und reden zu Deutschen. Darum ist jeder Deutsche ganz gewiß in seinem guten Rechte, wenn er als Deutscher ein so reines Deutsch, als nur irgend möglich ist, spricht oder schreibt und die Frage nach der Entbehrlichkeit oder Unentbehrlichkeit der Fremdwörter ganz auf sich beruhen läßt. Hier entscheidet sein Wille. Aber dem Wollen muß auch das Vollbringen entsprechen. Wir reden zu Deutschen und wollen verstanden werden. Die Deutschen haben sich aber an viele Fremdwörter gewöhnt, die sie vorläufig bis zu einem gewissen Grade leichter verstehen, als wenn der Einzelne auf seine Hand hin dafür Ersatzwörter schafft, deren Beziehung noch nicht allgemein mit der Sicherheit verstanden wird, als es bei den bisher üblichen Fremdwörtern der Fall war. Wir sind nun nicht bloß Deutsche im Allgemeinen, sondern jeder einzelne gehört einem bestimmten Stande an, hat eine ganz bestimmte Lebensstellung und ist an bestimmte Verhältnisse gebunden, unter denen sich auch ein bestimmter Sprachgebrauch ausgebildet hat, welchen der Einzelne nicht ohne Weiteres durchbrechen, sondern den er höchstens zu beeinflussen und umzugestalten sich vornehmen kann.

Wenn nun im ganzen deutschen Volke der vom Ehrgefühl belebte Wille lebendig ist, ein reines Deutsch zu reden, wenn dieser Wille in allen Ständen und Berufskreisen, in allen Lebensverhältnissen eine lebendige, treibende Macht ist, so wird der Sprachgebrauch überall mehr und mehr deutsch werden, und die Zahl der unentbehrlichen Fremdwörter wird immer mehr schwinden. Je reineres Deutsch aber zur allgemeinen Sitte werden wird, um so mehr werden die fremden Wörter im Zusammenhange der deutschen Rede hervorstechen, und ein besto feineres Sprachgefühl wird sich ihnen gegenüber entwickeln, und besto sicherer wird man herausfinden, ob die in die Rede eingestreuten fremden Wörter entbehrlich waren, oder ob ihr Gebrauch auf vorläufiger Nothwendigkeit beruhte.

Von diesem lebendigen Zusammenhange der Rede wird nun in den Verdeutschungsverzeichnissen des Vereins doch eigentlich abgesehen. Man sieht da immer nur die einzelnen Fremdwörter mit ihren Verdeutschungsvorschlägen und vergißt leicht, sie sich im Zusammenhange der Rede zu denken und sich zugleich die Schande zu vergegenwärtigen, die in einer abgeschmackten und gehäuften Einmischung in die deutsche Rede liegt. Solche Verzeichnisse haben daher etwas Mißliches. Sie können irreleiten hinsichtlich der Ziele des Vereins. Man ist dem vereinzelt dastehenden Fremdwort gegenüber leicht in einer allzu milden duldsamen Stimmung. Man kann sehr viele, die man beim Schreiben, wo man sich mehr in der Gewalt hat, als beim Reden, unbedingt vermeiden würde, in ihrer Vereinzelung leicht mit zu großer Gelassenheit ansehen, und es kann der Entschluß schwer fallen, durch ein beigesetztes Zeichen sich dafür auszusprechen, daß sie unbedingt zu vermeiden sind. Um sich von dieser allzu milden Stimmung zu befreien, muß man sich also immer wieder vergegenwärtigen, daß diese Fremdwörter doch immer eben im Zusammenhange der Rede vorkommen, und zwar eingemischt zwischen deutsche Wörter, und noch dazu vielfach abscheulich abgeschmackt und albern eingemischt, und man muß dabei das deutsche Ehrgefühl in sich lebendig werden lassen und den festen Willen, ein möglichst reines Deutsch zu reden. Dann wird auch die Antwort auf die Frage leicht, was denn ein fremdes Wort ist.

Als letzte Bedeutung der ahd. und mhd. Ausdrücke für „fremd" giebt das Altdeutsche Wörterbuch von Oscar Schade an: „selten". Leider sind die fremden Wörter in der deutschen Sprache durchaus nicht selten; auch nicht „wunderbar", auch nicht „seltsam", auch nicht „ungewöhnlich", wie, rückwärts gelesen, die angegebenen Bedeutungen weiter lauten. Ebenso wenig trifft für die Fremdwörter die Bedeutung „nicht bekannt oder vertraut" zu, wenigstens nicht unbedingt. Sie sind ja denen, die sie brauchen, vielfach bekannt und vertraut, wenn auch nicht immer, ebenso denen, an die sie gerichtet sind.

Zutreffend dagegen ist die Bedeutung „nicht eigen". Fremdwörter können immer nur durch Aneignung in eine Sprache kommen. Nun kommt es sehr darauf an, von welcher Art die Aneignung ist. Mitunter oder vielmehr oft ist die Aneignung eine sehr oberflächliche. Aber auch im besten Falle sind Fremdwörter doch nicht „zum eigenen Lande oder Hause gehörig". Und es trifft auf sie auch die Grundbedeutung von „fremd" zu, nämlich „nicht nahe, entfernt".

Die Fremdwörter sind weit her, und das, was „weit her" ist, hat bei dem Deutschen ja oft in besonderer Achtung und Werthschätzung gestanden. Für das, was dem eigenen Lande angehörte, hat er oft eine gewisse Geringschätzung gehabt. Dagegen hat er viel Sinn für Häuslichkeit und für die Familie besessen, und so mag benn das Fremdwort besonders unter diesem Gesichtspunkte betrachtet werden.

Es mag hier die Gelegenheit benutzt werden, um das Wort

„Familie" zu verdeutlichen. Es ist fremden Ursprunges. Das soll ihm aber nicht zur Unehre gereichen. Es ist bei uns längst eingebürgert, obgleich es im Althochdeutschen und Mittelhochdeutschen noch nicht vorkommt, auch noch nicht einmal in Luthers Bibelübersetzung, und obgleich lat. familia vielfach vorzugsweise die Dienerschaft bedeutet. Der deutsche Sinn für Häuslichkeit hat sich aber das Wort „Familie" angeeignet, und der Familiensinn ist etwas ächt Deutsches. Das Wort „Familie" bedeutet nun eine **Gründung**, und zwar erweitert sich diese, abgesehen von der Dienerschaft, von innen heraus durch **Geburten**, so daß dieses Gemeinwesen einen **geschlossenen Kreis** bildet, innerhalb dessen **die Gesetze herrschen**, welche die Gründer desselben geben.

Ein Fremder nun gehört einer anderen Gründung an und ist von Geburt an anderen Gesetzen unterworfen gewesen. Nun kann man wohl einem Fremder in seiner Familie Zutritt gewähren, kann sich auch wohl an ihn gewöhnen, ihn lieb gewinnen, ihn mit zum Hausstande rechnen, aber ein eigentliches Glied der Familie ist er doch nicht.

Wie verhalten wir uns nun, wenn uns ein **wildfremder** Mensch ins Haus kommt? Doch mit großer Zurückhaltung und Vorsicht. Wir hören erst, was er von uns will, und wir entscheiden uns dem entsprechend, ob wir mit ihm zu thun haben wollen oder nicht. Einem Fremden, den wir zu schätzen wissen, öffnen wir gern gastlich unser Haus, wenn gleich wir auch Zeiten haben, wo wir Familienglieder gern unter uns sind.

Es findet sich nun bezeichnender Weise im Mittelhochdeutschen einmal der Ausdruck wildiu wort (im Wigâlois) in dem Sinne von „fremd klingende Worte". Die Bedeutungen von ahd. wildi mhd. wilde gehen wohl davon aus, daß etwas dem Naturzustande überlassen und unbebaut ist. Damit hängt auch die ursprüngliche Bedeutung von ahd. wald, walth, walt, mhd. walt nhd. Wald zusammen, was einen von Menschen nicht gehegten, darum unbewohnten Ort bedeutet. „Wild" bedeutete ahd. und mhd.: nicht zahm, unbändig, irre, unstät, untreu, sittenlos, fremd, seltsam, wunderbar, unheimlich.

Wildfremde Wörter sind nun also, ganz abgesehen davon,

ob Kenner fremder Sprachen sie kennen, solche, die in ihrer Schreibung und Aussprache fremd geblieben sind.

Zu diesem gehört nun nicht das in einem der Verdeutschungs= entwürfe aufgeführte Wort „alphabetisch". Das lernt jedes Schulkind in der Schule kennen und seinen Sinn verstehen, wenn es auch vielleicht nicht mit der griechisch = semitischen Herkunft der Wortbestandtheile bekannt gemacht wird (gr. Alpha entspricht sem. Aleph d. i. Rind, Beta entspricht sem. Beth d. i. Haus; das waren die Namen der zwei ersten Schriftzeichen in der üblich gewordenen Reihenfolge derselben).

Warum die Reihenfolge der Lesezeichen das „Alphabet" genannt wird, wissen die Kinder nicht. Wohl aber wissen sie, daß „Alphabet" eben diese Bedeutung hat, und das genügt. Das Wort ist ihnen kein wildfremdes. Ein wildfremdes Wort ist für den Einzelnen dasjenige, das ihm völlig unverständlich ist, von dem er gar nicht weiß, was es bezeichnet. Manche haben von dem Sinne eines fremden Wortes kaum eine dunkle Ahnung und bilden sich in dem Zusammenhange, in dem sie es öfters hören, so eine ungefähre Vorstellung davon, wobei sie meist auf Abwege gerathen.

Das sind eben wildfremde Wörter, und es wäre die Aufgabe des allgemeinen deutschen Sprachvereins, zu ermitteln, welche fremden Wörter der großen Mehrheit des Volkes wohl wildfremd sein möchten. Man muß das ganze deutsche Volk mit in Rechnung ziehen, wenn es sich um die Frage handelt, was im Neuhochdeutschen, das ja von Hause aus nur die Sprache der Gebildeten gewesen ist, wildfremde Wörter sind. Denn durch die Schule wird das Schriftdeutsch dem ganzen deutschen Volke beigebracht, es bleibt dieses Schriftdeutsch auch nicht ohne Ein= fluß auf das ganze Volksleben.

Um des deutschen Volkes willen ist es gewiß nöthig, daß viele Fremdwörter, die den Gebildeten, namentlich den Kennern fremder Sprachen, so gar wildfremd nicht sind, doch als wildfremde Wörter behandelt werden.

Wildfremde Wörter sind aber nur noch Lückenbüßer für wirkliche Wörter. Für sie kann es kein lebendiges Sprach= gefühl geben. Man weiß nicht, welchen Gedanken sie aus=

drücken, was sie besagen, sie sind zu reinen Deutewörtern herabgesunken, sie bilden schließlich einen im Wesentlichen **unverstandenen Wortkram.**

Um des deutschen Volkes willen, dessen Kinder doch ausnahmslos die Schule besuchen und das Schriftdeutsch der Gebildeten sich aneignen müssen, ist es bringend geboten, daß an die Stelle eines unverständlichen Wortkrams mehr und mehr ein wahrhaft **verständliches Deutsch** gesetzt wird, an dem sich auch das **Sprachgefühl** wieder entwickeln und zu einer die Sprache beseelenden Macht erstarken kann.

Was ist Sprachgefühl? Im höchsten Sinne ist es die unbesinnliche Klarheit über die sprachliche Bedeutung jedes Lautbestandtheils, der zu einem Worte gehört. Davon will ich hier gar nicht reden. Dieses Sprachgefühl können wir jetzigen Deutschen uns nur noch auf dem Wege der Sprachwissenschaft wieder aneignen. Es ist uns so gut wie ganz abhanden gekommen. Schleicher spricht sich darüber ausführlich aus. Ich versage es mir aber darauf näher einzugehen. Wir haben die Abstammung und Zusammensetzung sehr vieler, ja, was die schon weit früher vergessene sprachliche Bedeutung der Bildungssilben betrifft, so gut wie aller Worte vergessen. Ich beschränke mich darauf, Folgendes anzuführen. (S. 115):

„Die Stumpfheit unseres sprachlichen Gefühles geht so weit, daß wir die in früheren Epochen aus fremden Sprachen aufgenommenen Worte meist gar nicht mehr als fremd empfinden; die älteren, fremden Bestandtheile nennen wir Lehnworte, im Gegensatz zu den neuen, noch nicht acclimatisirten, von Jedem als fremd empfundenen **Fremdworten.**" Er meint also, wenn unser Sprachgefühl nicht stumpf wäre, so müßten wir auch die Lehnwörter als Fremdwörter empfinden. Aber auch in Bezug auf unsere echt deutschen Wörter zeiht er uns der Stumpfheit des Sprachgefühls.

„Ich wette darauf," sagt er S. 66, „keiner meiner Leser, wenn er nicht etwa das Deutsche wissenschaftlich getrieben hat, hat dem Worte vergnügen etwas von genug, wovon es abgeleitet ist, angefühlt; ja sogar bei würfel, einem Worte, so klar gebildet wie nur möglich, denken wir viel weniger an wurf und werfen als an die kubische Gestalt. Wer ahnt noch den Zusammenhang von frau (Herrin), fronfestung, fronleichnam, frönen (von dem verlorenen frô, Herr) und freude? Unzählige in ihrem eigentlichen Wesen, in ihrer wahren Function nicht mehr gefühlte Worte führen wir im Munde."

Daß es uns auch mit eigentlich deutschen Wörtern so geht, dafür führt Schleicher noch viele Beispiele an. Wer das Deutsche nicht wissenschaftlich betrieben hat, wird z. B. zwar wissen, auf welches Thier das Wort „Heuschrecke" hindeutet, aber nicht, was es besagt, daß es nämlich mit schricken hüpfen zusammenhängt; er wird zwar wissen, auf welche Handlung die Wörter „Beichte" und „beichten" hindeuten, nicht aber, was sie besagen, daß sie nämlich mit den verloren gegangenen Worte jëhen sagen, bekennen, zusammenhängen, und daß „Beichte" früher bigihte lautete.

Um das Sprachgefühl zu wecken, würde es wünschenswerth sein, daß der Sprachverein nicht bloß Vorschläge zur Ersetzung fremder Ausdrücke veröffentlichte, sondern auch Verdeutlichungen von Wörtern, nicht bloß von fremden, sondern auch von eigenen.

Solche Verdeutlichungen finden sich bei Schleicher noch mehr. Das Wort „geruhen" hängt nicht mit „ruhen" zusammen, sondern ist aus gerouchen, Rücksicht nehmen, bedacht sein, gern wollen, entstanden. „Heiland" ist gleich „heilend", „Karwoche", „Karfreitag" stammt von ahb. chara, Trauer, Klage. „Nachbar", in den Mundarten „Nachber", ist mhd. nâchgebûre, der Nahwohnende, zusammengesetzt aus nâh, nâch und gebûr. Bauer von ahb. pûwan, bûwan, bûwen, mhd. bûwen, bûen, bouwen, biuwen, Feldbau treiben, wohnen, auch bebauen, bewohnen. „Grummet" ist aus „grün" und „mähen" entstanden.; „grün" bedeutete aber früher auch „unreif, frisch"; man sprach von „grüner Milch", „grünen Fischen", „grünem Fleisch".

Das Erwachen und Erstarken des deutschen Sprachgeistes wird bewirken, daß der Sprachverein Entgegenkommen findet, wenn er sich auf alle Weise angelegen sein läßt, das Sprachgefühl zu wecken, das Gefühl für das Fremde und das Gefühl für das Eigene. Daß dazu neben den Vorschlägen zur Ersetzung fremder Wörter ganz besonders auch die Verdeutlichungen sowohl der fremden, als auch der eigenen dienen werden, dafür noch einige Beispiele.

Wir werden Wörter wie „Vogt", „Bursch", „Pilger", „Pfingsten", „Mette", „Ziegel", „Stiefel", „Tafel", „Pflanze", „Ceder", „Weiher", „Lärm", „Samstag", „matt" troß ihres fremden Ursprunges gewiß nicht vermieden wissen wollen. Aber eine Verdeutlichung wird, wenigstens bei den Gebildeten, dazu dienen, das Sprachgefühl zu wecken. „Vogt" stammt von advocatus, „Bursch" von bursa Beutel, dann Genossenschaft, Theilnehmer einer Genossenschaft; davon stammt auch „Börse". „Pilger" ist aus peregrinus, der Fremde, entstanden, „Pfingsten" aus pentecoste, gr. πεντηκοστή, der 50. (Tag) nach Ostern, „Mette" aus matutina die Morgenbliche, „Ziegel" aus tegula, eigentlich das Deckende, von tegere, „Stiefel" aus aestivale, Sommerfußbekleidung, von aestas der Sommer, aestivus sommerlich, „Tafel" aus tabula, „Pflanze" aus planta, „Ceder" aus cedrus, „Weiher", ahd. wiwari, wiari aus vivarium, von vivus lebendig, Behältniß für lebendige Thiere, besonders Fische, „Lärm" und „Alarm" aus lat. ad arma, zu den Waffen, woraus ital. all arme, frz. alarme wurde.

Der Sprachverein muß es als eine seiner Hauptaufgaben betrachten, auf die Weckung des Sprachgefühls hinzuarbeiten. Zu dem Zwecke muß er es sich angelegen sein lassen, zwischen Sprachwissenschaft und Volk zu ermitteln, nämlich die Ergebnisse der Sprachwissenschaft zur Erweckung und Förderung des Sprachgefühls nutzbar zu machen.

Dazu hat er ja auch den besten Willen, daher wird ihm auch die thätige Hilfe jedes Sprachforschers, der neue Aufschlüsse bietet, hochwillkommen sein. In Ermangelung solcher neuen Aufschlüsse muß er sich an den schon vorhandenen genügen lassen. Es fehlt noch sehr viel daran, daß sie schon dem deutschen Volke vermittelt wären. Durch ihre recht ausgiebige Verwerthung kann sehr viel gethan werden, um das Erstarken des deutschen Sprachgeistes dahin zu fördern, daß nicht bloß das Fremdwörterunwesen gründlich beseitigt, sondern auch eine Wiedergeburt der deutschen Sprache herbeigeführt wird.

Hermann Riegel kommt in seiner Schrift „Der allgemeine deutsche Sprachverein" (Heilbronn, Gebr. Henninger 1885) einmal (S. 25) auf den Unterschied von „absterbenden" und „lebenskräftigen" Sprachen zu sprechen. Wenn es wahr ist, daß gerade „absterbende" Sprachen der Fremdwörterherrschaft besonders zugänglich sind, so drängt das doch zu der sehr herzbewegenden Frage, ob denn wohl die deutsche Sprache, die sich dieser Herrschaft so zugänglich gezeigt hat, nicht wenigstens in Gefahr war abzusterben, und ob sie noch so weit lebenskräftig ist, daß auf eine Verjüngung gehofft werden kann.

Es scheint, daß man es hoffen darf. Dafür scheint das Erstarken des deutschen Sprachgeistes zu bürgen.

Um aber diese Hoffnung zu verwirklichen, dazu gehören Thaten! Es genügt nicht, daß gegen die Fremdwörterherrschaft Zeugniß abgelegt, daß das Schmachvolle derselben und die in ihr zu Tage tretende Geschmacklosigkeit und Albernheit bloß gestellt wird, es genügt auch nicht, daß Wortverdeutschungen und Wortverdeutlichungen zur Belehrung des deutschen Volkes in die Oeffentlichkeit gesandt werden. Vielmehr gehört dazu auch, daß die Verjüngung des Deutschen thatsächlich vollzogen wird.

Und dabei handelt es sich vor allen Dingen um das Schriftdeutsch, was das Deutsch der Gebildeten, seinem Ursprunge und Wesen nach, ist. Soweit dem Vereine Schriftsteller angehören, müssen diese als solche die Verjüngung des Deutsch thatsächlich vollziehen. Die Schriftsteller, die dem Verein noch fernstehen, muß der Verein zu gewinnen sich angelegen sein lassen. Er muß ferner darauf Bedacht nehmen, möglichst viel von den erschienenen Schriften mit Rücksicht auf die Sprache zu prüfen und ihren sprachlichen Werth oder Unwerth festzustellen. In erster Linie sind dabei natürlich diejenigen Schriften in Betracht zu ziehen, die für das Volk bestimmt und auf einen großen Leserkreis berechnet sind. Aber auch wissenschaftliche, für einen engeren Kreis berechnete Schriften sind, besonders wenn sie von berühmten Männern herrühren, auf ihren sprachlichen Werth oder Unwerth zu prüfen. Hier öffnet sich der Leitung der Zeitschrift noch ein weites Feld einer erfolgreichen Thätigkeit, mit der die bisherige Thätigkeit sehr wesentlich und fruchtbringend erweitert werden kann. Die Mitglieder des Vereins aber müssen es für ihre Aufgabe halten, Schriften, die sich durch eine gute Sprache auszeichnen, schon um der Sprache willen zu lesen.

Eine Verjüngung der deutschen Schriftsprache muß sich darin zeigen, daß nicht bloß ein verjüngtes Deutsch geschrieben, sondern daß es auch gern gelesen wird.

Möchte die vorstehende Schrift schon um ihres Deutsch willen gern gelesen werden können!

Halle a. d. Saale, Königliches Pädagogium,
d. 15. Dezember 1888.

Die Berliner Erklärung wider den Allgemeinen Deutschen Sprachverein*)

Von Rudolf Hildebrand

(Sonderabdruck aus den Grenzboten. 1889 Heft 13.)

iese Erklärung, in den Preußischen Jahrbüchern abgegeben unter dem Datum Berlin, 28. Februar 1889 und in alle größern Blätter aufgenommen, ist auf alle Fälle ein Ereignis in unserm neuen deutschen Leben, dessen Gesamthauch sich immer deutlicher und mächtiger geltend macht gegenüber anfänglichen Zweifeln, auch in der Erklärung selber nach Geist und Wortlaut. Es ist, als hätte Einer (man wüßte gern den Namen) in Deutschland herum von den Höhen der Geisteswelt einen „Congreß" nach Berlin berufen, um von da aus, recht von oben her, siegreiche Stellung zu nehmen zu der vom Allgemeinen Deutschen Sprachverein angefachten Bewegung, die mehr in volksmäßigen Kreisen oder bei volksmäßig Gesinnten arbeitet und ihre Kreise immer weiter zieht. Die Erklärung wird in einer spätern Geschichte der deutschen Sprache jedenfalls einmal eine wichtige Stelle einnehmen, das verbürgen die Namen der Unterzeichner, darunter nicht wenige mit dem besten Glanze um sich, den wir zur Zeit im Vaterlande sehen: aber welche Stelle? ja das wird mit Sicherheit doch erst um 1950 oder so gesagt werden können. Aber auch jetzt schon kann man sich auf eine Höhe stellen, von wo man weit rückwärts mit Sicherheit und mit ungefährer Gewißheit zugleich vorwärts sehen kann, wie in dem Streit, dem Hin- und Herziehen die Dinge gehen und gehen werden.

Auch die Erklärung tritt mehrfach auf höhern geschichtlichen Standpunkt, besonders in dem Satze: „Unsre durch die Freiheit gedeihende Sprache hat nach jeder Hochflut von Fremdwörtern allmählich das ihrem Geiste Fremde wieder ausgeschieden, aber die Wortbilder neuer Begriffe als bereichernden Gewinn festgehalten." Also eigentlich der volkswirtschaftliche Grundsatz der Manchesterschule auf das große Sprachleben übertragen. Er enthält ja eine wahre, dabei noch ziemlich neue tröstliche Weisheit, aber nur innerhalb gewisser Grenzen, mit der Gefahr schädlicher Übertreibung. Gehört das Sprachleben ganz in diese Grenzen? Kann man sagen: laßt nur die Flut herein und frei walten, das Überflüssige und Schädliche läuft von selbst wieder ab,

---
*) Nachdruck erwünscht.

ohne daß jemand die Hand dazu rührt? das besorgt der Geist der Sprache! Ja wo ist und wirkt denn der Geist? Doch nur in den Einzelnen, nicht ohne oder gar wider sie als eine höhere göttliche, unpersönliche Gewalt? In den „führenden Schriftstellern" soll er sein Wirken entfalten, oder sie geben ihr Führeramt an Andre ab, die die Geführten sein sollen, an die Masse. Wollen das die Unterzeichner? Eben nicht! aber sie thuns in der Fremdwörterfrage eigentlich grundsätzlich in jenem Satze. Oder nicht?

Bei der „Hochflut" übrigens möchte man gern wissen, ob damit für jetzt oder die letzte Zeit vor der Sprachbewegung eine solche „Hochflut von Fremdwörtern" als bestehend zugestanden wird? Es klingt doch wirklich so, schon weil der eigentliche Sinn des Satzes im Zusammenhange kein andrer sein kann als: der Sprachverein ist ganz unnötig, was er Gutes oder Rechtes wollen kann, wird von selber kommen, es kostet nur Zeit und Geduld — und: wir thun jedenfalls nichts dazu, weil das verkehrt wäre — aber nein, gar mancher von den Unterzeichnern thut schon mit dazu, selbst recht wesentlich, wie urkundlich zu belegen wäre, wenn man sich Namen zu nennen entschließen könnte. Sie sträuben sich da mit Worten oder „im Princip," helfen aber selbst wirksam bei der Sprachbewegung unsers neuen Lebens. Also gut! Andre werden auch noch kommen.

Daß es eine solche Flut gab und auch nach dem weltgeschichtlichen Aufschwunge des deutschen Selbstgefühls seit 1870 noch groß und garstig genug giebt, das kann man nur übersehen, wenn man nicht so vorsichtig ist, sich mit Bewußtsein gegen die Gewalt der Gewöhnung zu wehren und Auge, Ohr und Sinn für das schlechte oder unnütze Fremde offen zu halten, das gemäß Jahrhunderte alter Verwöhnung immer und immer noch so leicht bei uns fröhliche, gemütliche Aufnahme findet. Als Riegel an die Gründung des Vereins ging und auch mich unter Vorlegung des Planes zum Eintritt in den Vorstand aufforderte, da sträubte ich mich dagegen und machte ernste Bedenken geltend, wesentlich dieselben, die hier in der Erklärung erklingen: niemand will sich schulmeistern lassen, und es werden sich Unberufene herandrängen, die das Heil im Knaupeln und Kritteln am Kleinen und Äußern suchen u. s. w. Aber Riegel, der diese Bedenken vollständig anerkannte, wußte sie doch auch niederzuschlagen, ich schlug freudig ein: Ja, es ist wieder einmal Zeit, wie im siebzehnten Jahrhundert, zur Zeit der Fruchtbringenden Gesellschaft, mit gesamter Hand ans Werk zu gehen, daß wir im Reden und Denken deutscher werden, als wirs noch sind. Die Bewegung ist schon von selber in Gang gekommen, recht aus der gehobenen Stimmung des Ganzen heraus, wie allemal nach großen Stößen von außen oder innen, die durch die Erschütterung wieder einmal das Gesamtbewußtsein des Deutschtums wachriefen und steigerten, z. B. im Jahre 1813 und 1848, sie braucht aber eine vorsichtige Führung (die den „führenden Schriftstellern" zukäme). Machen wir den Versuch! Der Geist der Zeit fordert es, und was dabei Kleines und Kleinliches notwendig mit unterläuft, das ist doch eben zu klein, um dem Großen den Weg vertreten zu können. Nun sind denn die Dinge in kurzer Zeit so gegangen, daß man nach menschlichem Maße mit dem Erfolge nicht bloß zufrieden, sondern hoch zufrieden sein kann. Ich fürchtete gleich zuerst ganz besonders einen Stoß dagegen aus einer bestimmten Windecke, die ja auch geschichtlich bekannt genug ist, ich will sie, um kurz zu sein, die vornehm kühle nennen. Die Erklärung bringt nun diesen Windstoß, auch mit gesamter Hand, aber auch er kommt lange nicht so scharf und schlimm, als ich gefürchtet hatte. Ja der Sache nach bläst er eigentlich in der Richtung, in der der Verein arbeitet. Also gut!

Er will aber doch auch den Verein treffen, möchte ihn am liebsten hinwegblasen, wenigstens aus der Gunst der Nation, und ich habe schon von Mitgliedern gehört, die auf die Erklärung hin ausgetreten sind. Am schärfsten trifft wohl in der öffentlichen Meinung das Schlußwort von der „behenden Geschäftigkeit der Puristen, die nach Jakob Grimm in der Oberfläche der Sprache herumreuten und wühlen." Welchen schlimmen Klang hat das Wort Purist, Purismus, auch mir, schon wegen seiner barbarischen Bildung, die noch dazu auf einem Mißverständnis beruht (Puritanismus hieß es zuerst, im siebzehnten Jahrhundert). Sein Begriff ist nun ungefähr beschränktes deutschtümelndes Philistertum, das auch nicht einmal, wie andres Philistertum, etwas Gemütliches an sich hat. Man denkt dabei an Campe, Jahn u. s. w. und kreuzigt sich davor im stillen. Ich muß doch diese Männer, seit ich sie mir selber genauer ansah, auch mit ihren sprachlichen Bestrebungen durchaus in Ehren halten, gar manches nun bestens anerkannte Wort ist von ihnen gemacht. Und wenn, wie der brave Pfister, der in allerbester jugendlicher Begeisterung auch für den Verein doch zu weit geht, neulich in der Kasseler Allgemeinen Zeitung (Nr. 70) aus mündlichem Verkehr mitteilte, Jakob Grimm einmal Infanterie mit „das Vendich" verdeutschen wollte, den Omnibus, der ihn offenbar auch ärgerte, wie Andre, als er von England herüber geweht kam, mit „Allen," so ist das doch auch — Purismus? Und wenn er in seinem Deutsch interessant und seine Sippe durchaus meidet, wohl auch? Es giebt eben auch an der Oberfläche zu arbeiten. Und wenn Schiller von der „Auswahl einer Nation" spricht (in der Rezension von Bürgers Gedichten vom Jahre 1791), also das französische élite kurzweg übersetzt, was ist das anders als „Purismus"? Ist er doch auch bei Goethe zu finden. Wenn er z. B. dem ästhetisch so wichtigen Katastrophe ausweicht mit einfacher Übersetzung: „kurz vor der Umwendung," d. h. im Aufbau des Mahomet (Wahrh. u. D. 14. Buch a. E.), oder combiniren: „Ich erlaub, verknüpfte, arbeitete durch" (ebenda 12. Buch, wo von Höpfner die Rede ist), so weht uns das doch unfehlbar „puristisch" an? Also auch dieses kleine deutschgesinnte Thun, das an die nichtstudirten Leser denkt, wird man doch nicht einfach verdammen oder verhöhnen können, wie es bei der „Elite der Nation"

Mode ist. Und mit der Berufung auf unsre Klassiker: „Die Unterzeichneten wollen in diesen Fragen da stehen, wo die freien Meister der Sprache, unsre Klassiker, standen," damit gewinnen sie keineswegs den festen Standpunkt, den sie dort zu haben meinen, wie die paar Belege zeigen können, zu deren Häufung ja hier der Platz nicht ist; es giebt dort kein bequemes Ruhekissen für die Fremdwörterfrage, sie ist da vielmehr in lebhaftester Bewegung, vorwiegend aber bei allem Schwanken in der Richtung, in welcher der Verein arbeitet, eine Arbeit, die bis ins sechzehnte Jahrhundert zurückgeht wie die Fremdwörterfrage.

Daß auch die Erklärung diese Richtung nicht nur anerkennt, sondern auch in ihr geht, zeigt nicht nur das Vermeiden unnötiger Fremdwörter darin (das den Verfasser sicher einige Gewalt gekostet hat) — denn praktisch, Autorität, national, Litteratur, pädagogisch, Vereinsorgan sind ja sogenannte recipirte Fremdwörter, dafür wird z. B. kosmopolitisch mit weltbürgerlich gegeben, Protest mit Verwahrung, sodaß auch der Verein, wenigstens in seinem rechten Flügel, auch dem Centrum, damit völlig zufrieden sein und seine Freude daran haben kann — sondern auch die bestimmten Erklärungen: „Sie meinen allerdings, daß verständige Rede und Schrift von berufener Seite (nur durch ihren Einfluß als stilles Vorbild?) dem verschwenderischen Mißbrauche der Fremdwörter im geselligen und geschäftlichen Verkehre steuern kann" und „Die Unterzeichneten, denen es fern liegt, den Überschwang der Sprachmengerei zu schützen" — wozu also die Gegnerschaft? und zwar mit einem Grundklange von Entrüstung, die selbst in stille Erbitterung übergehen will, nur lange gedulbig angesammelt, bis sie endlich überwallen mußte, wie ein kochender Topf?

Bevormundung, die sich zeigen soll, ist es, was den wallenden Unwillen zum Überlaufen gebracht hat: „Jetzt, wo der Gesammtvorstand die Autorität der Regierung anruft, die Schule in den Dienst seiner Bestrebungen stellen und nach dem Muster der Rechtschreibung auch den Sprachgebrauch von oben geregelt sehen möchte, fühlen die Unterzeichneten sich gedrungen, öffentlich zu erklären, daß sie auf Grund der Entwicklung unsrer Sprache (ich muß das Weitere auslassen, weil es eine Erörterung brauchte, zu der hier nicht der Platz ist, die aber zum Teil genügend angedeutet ist) solche Bevormundung entschieden zurückweisen."

Bevormundung? wessen denn? der Schriftsteller selber? Wer um Himmels willen soll denn auch nur in einem dummen Traume darauf verfallen, und wär es ein Minister, Männer wie Gerok, Döllinger, Freytag, Treitschke u. s. w. in ihrem Deutsch als ungesehener Kobold hinter dem Schreibtisch in Vormundschaft nehmen zu wollen? Und doch klingt das eigentlich so, als wäre das Wirken des Vereins schon so angewachsen, daß die Schriftsteller vor dem Augenblicke ständen, wo es hieße: „Und bist du nicht willig, so brauch ich Gewalt!" Wir lernen von ihnen, sind innig dankbar für die guten Stunden, in denen wir uns durch sie bereichert, beglückt, gestärkt fühlten, aber wahren dabei unsre

Freiheit auch vor ihnen, also z. B. auch in der Fremdwörterfrage — das ist gut germanisch und solls bleiben, treue Hingebung mit innerer Freiheit gepaart. Regelung des Sprachgebrauchs von oben? Wenn es jugendliche Heißsporne einzeln giebt, denen das als Hilfe in der Not einmal in die Gedanken tritt, so ist das menschlich begreiflich, aber es wäre französisch gedacht, nicht deutsch, und der Verein als solcher denkt nicht im Traum daran! Als ich seiner Zeit zu der Conferenz für Regelung der Rechtschreibung mit nach Berlin berufen wurde als Vertreter des Grimmschen Wörterbuchs, mußte ich wegen Unwohlseins mich entschuldigen, war aber im Stillen recht froh darüber, weil ich bei meiner festen Gesinnung in Bezug auf Sprachentwicklung doch nur mich und die Andern dort geärgert hätte. Freiheit ist freilich das rechte einzige Losungswort, nur nicht in einem gewissen Parteisinne von heute, sondern gepaart mit treuer, selbstvergessener Hingebung an das lebendige Ganze. Diese Paarung als Grundsatz alles menschlichen Gedeihens ist nirgends so deutlich als das Naturnotwendige und Gottgewollte zu erkennen, als gerade an der Sprache. Nur willige, frei willige Mitglieder sind es, die der Sprachverein sucht, nicht solche, die sich Gewalt angethan oder bevormundet fühlen.

Oder ist babei an eine Akademie für deutsche Sprache gedacht? Der Gedanke daran ist allerdings im Verein aufgetaucht, aber von der Mehrheit gut deutsch zurückgewiesen worden. Soll es aber nicht erlaubt sein, die Frage aufzuwerfen? nicht eine Stelle geben, wo solche Fragen verhandelt werden? Daß eine bejahende Antwort nicht so von vornherein zu verwerfen ist (a limine abzuweisen wäre der Modeausdruck), das zeigt doch wohl Du Bois-Reymonds warmes Eintreten dafür, und der ziemlich vergessene Umstand, den ich deshalb in der Vorrede zum fünften Bande des Grimmschen Wörterbuchs wieder ins Bewußtsein zu rufen mich bemühte, daß die Berliner Akademie der Wissenschaften von Haus aus zu keinem andern Zweck gegründet ist; Leibniz wollte damit der deutschen Sprache und dem deutschen Geiste überhaupt eine Art Geistesbehörde schaffen, um dem Deutschtum in Deutschland und Europa endlich zu seinem ganzen Rechte zu verhelfen, war er doch „teutschgesinnet" durch und durch und sah in jener Hebung des Deutschtums sein höchstes Lebensziel. Mir selbst ist der Gedanke oft genug nahe getreten, da ich seit dreißig Jahren unzählige Male angegangen worden bin, von Einzelnen wie auch von Behörden, mit Fragen, was denn dies und das seltne Wort eigentlich und genau bedeute oder was das Richtige wäre in einem einzelnen Sprachstreit, auch wie man dies und jenes Fremdwort gut deutsch geben könne. So wäre eine solche Stelle für solche Auskünfte und Ratschläge doch wohl brauchbar in unserm neu aufsteigenden Leben, in dem das Sprachleben, wie seit Jahrhunderten gerade bei uns im Kampfe um unser Dasein, eine besonders wichtige Stellung einnimmt, es ist und bleibt der treue Spiegel des Geisteslebens in seiner Gesundheit und seinem Streben.

Unter den Vorwürfen, auf welche hin die drohende Bevormundung zurückgewiesen wird, steht der voran, daß der Verein nun sogar „die Schule in den Dienst seiner Bestrebungen stellen möchte," und einige namhafte Schuldirektoren sind deshalb mit zugezogen worden, um die Verwahrung zu unterzeichnen. Wird also eine Bevormundung der Nation gefürchtet durch die Gefangennehmung der nachwachsenden Geschlechter unter das Joch des Vereins? Ich bin auch Schulmann gewesen viele Jahre lang, besonders gerade im Dienste des deutschen Unterrichts, und habe die dafür auftauchenden Fragen recht reiflich durchdacht, durchlebt. Wenn hier in Bezug auf die Sprache als genügendes Ziel aufgesteckt wird, daß die Jugend, „wie bisher, zum saubern Gebrauch der Sprache angeleitet werde," so ist das ja an sich ganz recht (nur daß man dem unsichern „sauber" doch anmerkt, wie man dem althergebrachten „rein" ausweichen wollte, da es ja den Fremdwörtern zu Leibe gehen konnte) — aber mit seiner negativen Seite ist es zugleich so dürftig, daß ich's nicht fertig bringe zu begreifen, wie dem geistvolle Schulhäupter haben ihren Stempel leihen können; sie gewannen freilich damit Deckung für ihre eigne Gewöhnung an die Fremdwörterei, was auch bei manchem andern Unterzeichner mitgewirkt haben mag. Oder ist das zu boshaft gedacht? das sollte mich freuen. Ich habe in meiner Schrift über den deutschen Sprachunterricht unter wachsendem Beifall der Lehrerschaft schon für untere Klassen der Volksschule das Ziel höher und tiefer ausgesteckt, als hiermit doch auch für die obersten Klassen der Gelehrtenschulen geschieht. Auch von der Fremdwörterfrage ist dort aufs eingehendste die Rede, die recht eigentlich in die Schule gehört, von der Volksschule angefangen bis zu den höchsten. Nicht um die Fremdlinge tot zu schlagen, sondern den Schülern ihnen gegenüber innere Freiheit, ich will kurz sagen, ihre deutsche Freiheit wiederzugeben (die gar mancher geübte und namhafte Schriftsteller — verloren hat), und um die Fremden zugleich zu benutzen zur Einführung der Schüler in das Kulturleben der Völker und der Menschheit, daß sie daran einen freien, weiten Blick gewinnen in das große Gesamtleben Europas hinaus, von dem das unsre ein Teil oder Glied ist und bleibt. Die Antwort des preußischen Kultusministers v. Goßler auf die betreffende Eingabe des Vereins, die ich mit einiger Bangigkeit in die Hand nahm, klang in einem Tone, daß ich still aufjubelte, noch aus tiefern Gründen: Gott sei Dank, da ist in Berlin an höchster leitender Stelle also der rechte beste Geist, der die neue Zeit, die für das deutsche Wesen angebrochen ist, vollkommen versteht und an die Spitze der Bewegung für eine neue Zukunft tritt. Der Verfasser der Erklärung hingegen muß wohl noch oder gerade daran seinen Groll genährt haben, der dann so überwallte. Die Erklärung thut ja fast, als gälte es, die armen jungen Deutschen vor einem eindringenden Gift von Parteigeist zu schützen, wie eine Hürde Schafe vor einem Wolfe. Und wer ist der Wolf? der beste deutsche Geist, neu und alt zugleich, die beste Summe unsers langen

Lebens als Nation (denn das ist die Sprache), so klang es auch in der Auffassung des Ministers. Denn auch dem Verein beruht die Pflege der Sprache nicht vornehmlich auf Abwehr der Fremdwörter, die jetzt zum Gebot des Nationalstolzes („Chauvinismus"?) erhoben wird, das weisen seine Statuten, wollte sagen Satzungen aus; aber wo auf einem Beete gute Pflanzen wachsen und guter Same gedeihen soll, muß man doch zuerst und von Zeit zu Zeit wieder das Unkraut ausjäten?

Ich denke doch, wenn die Erklärung in zweiter Auflage erschiene, was ja möglich ist, könnte sie auch eine verbesserte sein, mit recht wesentlichen Berichtigungen und Ergänzungen, vielleicht auch im Geiste des Ganzen? Was ist denn der Unterschied zwischen hüben und drüben? Der Verein denkt nicht daran, alle Fremdwörter ausmerzen zu wollen, die Erklärung denkt nicht daran, alle in Schutz nehmen zu wollen — worum und warum also der Streit, vollends bitterer? Um ein Mehr oder Weniger, nicht um die Sache selbst. Es ist wie bei einer sogenannten Inventur, wo auch Streit entstehen kann, welche Gegenstände oder Papiere aufgehoben werden sollen, welche nicht, weil sie für die Zukunft noch nötig oder dienlich sind oder nicht. Auch in unserm neuen deutschen Leben ist eine solche Inventur nötig und schon gründlich im Gange, in Bezug auf wichtigste Verhältnisse wie Begriffe, daß gesichtet werde, wie in einem Garten, der lange der Pflege entbehrt hat. Nun und die Sprache gehört zu den wichtigsten. Sie ist, wie unser ganzes Leben, in einer Häutung begriffen, und das geht nicht ohne Schmerz ab und gemischten Zustand. Wer sich in der alten Haut so lange wohl befunden hat, klagt darüber, wer die neue fühlt, erträgt das Unbehagen im Vorgefühl eines gesteigerten Lebens, und auch jene würden sich in der neuen Haut nach einiger Gewöhnung wieder wohl fühlen oder noch wohler. Zu der alten Haut gehörten z. B. auch im höhern Sprachleben die unreinen Reime, sie sind in der Hauptsache schon abgehäutet. Wer aber in der Fremdwörterfrage unbewegt stehen bleiben will, und sich dafür auf den Stand beruft, den sie in unsrer letzten klassischen Zeit hatte, der macht es wie ein Dichter, der sich auf die alten unreinen Reime versteifen wollte, weil sie durch Schiller und Goethe (die doch auch darin vorwärts strebten) als „klassisch" festgestellt wären.

Um aber wieder auf den Anfang und damit zum Schluß zu kommen: was wohl die Geschichte der deutschen Sprache und des deutschen Lebens etwa um 1950 zu dem Streit um die Häutung sagen wird? Der Sprachverein wird gewiß zusammen genannt werden mit der Fruchtbringenden Gesellschaft des siebzehnten Jahrhunderts, aber mit einem Unterschiede: damals waren es die besten Schriftsteller der Zeit, die ein edler Fürst versammelte, um die Häutung zum Heil des Ganzen zu bewirken oder zu befördern, denn der Drang dazu war auch schon vorhanden und Fürsten und Herren und Dichter nahmen nur die Bewegung hochherzig in die Hand! Und jetzt? versagen sich ihr die „führenden Schriftsteller" — das thut weh. Aber die Bewegung ist im Gange, ja sie hat schon, um einen Kriegsausdruck des sechzehnten Jahrhunderts zu brauchen, „den Druck gewonnen," das ist nicht zu verkennen und — hat eben die Erklärung mit hervorgerufen. Und Fürsten fehlen ihr mit ihrer Gunst doch auch nicht, unser jugendlicher Kaiser, der „deutschgesinnt" ist wie einer, voran, im Hintergrund aber die nachwachsende Jugend als Trägerin der Zukunft. Da unsre heutige Geistesbewegung auch sehr nachdrücklich (eigentlich durch Goethe und Schiller begonnen) auf unsre ältere Zeit, die vorfranzösische gerichtet ist, um allerhand dann abgerissene schöne Fäden von dort wieder anzuknüpfen zum Gesamtgewebe, auch in Bezug auf die kernige, einfach viel sagende Sprache von damals (wie trefflich versteht das z. B. G. Freytag und mancher noch von den Unterzeichnern), so wäre es schon möglich, daß um 1950 auch ein Ausdruck wieder aufgenommen wäre, mit dem man damals bei einer Häutung des Zeitgeistes, z. B. in der Zeit der Reformation, die Parteien unterschied, man nannte sie oder sich einfach und alles sagend „die Alten" und „die Neuen." Wie im zwanzigsten Jahrhundert die Anwendung auf unsre Sprachparteien wäre, braucht man nicht zu sagen, der Ausdruck paßt auf den Kampf um unsre Neugestaltung überhaupt, nur daß „die Neuen" in Anspruch nehmen können, zugleich die rechten „Alten" zu sein, wie Luther auch that. Der freudige Schluß seines Liedes vom Jahre 1523 von den beiden Glaubensmärtyrern in Brüssel paßt wirklich auch auf unsre Zeitlage:

<blockquote>
Der Sommer ist hart für der Thür,
Der Winter ist vergangen.
Der das hat angefangen,
Der wird es auch vollenden.
</blockquote>

Wider die Engländerei

in der

deutschen Sprache

Ein Vortrag
gehalten auf der
11. Hauptversammlung des Allgemeinen Deutschen Sprachvereins

von

Prof. Dr. Hermann Dunger

Erweiterter Abdruck aus der Zeitschrift des Allgemeinen Deutschen Sprachvereins
14. Jahrg. Nr. 12

Berlin 1899
Verlag des Allgemeinen Deutschen Sprachvereins
(S. Berggold)

Erklärung
der
11. Hauptversammlung des Allgemeinen Deutschen Sprachvereins:

Mit dem immer wachsenden Einfluß englischen Wesens mehrt sich neuerdings in bedenklicher Weise die Zahl der aus dem Englischen stammenden Fremdwörter. Auch in dieser Spracherscheinung treten die alten Erbfehler des deutschen Volkes wieder hervor: Überschätzung des Fremden, Mangel an Selbstgefühl, Mißachtung der eigenen Sprache.

Die in Zittau tagende 11. Hauptversammlung des Allgemeinen Deutschen Sprachvereins richtet daher an alle Freunde der Muttersprache die dringende Mahnung, diesem neu aufkommenden Fremdwörterunwesen mit Entschiedenheit entgegenzuwirken.

Der Abdruck des Inhaltes ist erwünscht.

Vielfach hört man die Ansicht aussprechen, der Kampf gegen die Fremdwörter sei jetzt nicht mehr nötig; jeder Deutsche sei gegenwärtig davon überzeugt, daß es seine Pflicht sei, entbehrliche Fremdwörter zu vermeiden. Wie wenig richtig dies ist, weiß jeder aufmerksame Beobachter der Sprache. Vieles ist zwar besser geworden, aber es ist noch lange nicht gut. Es giebt noch unendlich viel zu thun auf diesem Gebiete. Wir haben nicht nur mit den alten Feinden immer noch zu kämpfen, sondern müssen auch neue Eindringlinge abwehren, die keck von allen Seiten Einlaß in unsre Muttersprache begehren. Besonders auffällig ist in jüngster Zeit das Einmengen neuer Fremdwörter aus dem Englischen.

Vor 100 Jahren fand Kinderling, der Verfasser einer Preisschrift »über die Reinigkeit der deutschen Sprache«, nur zwölf englische Fremdwörter im Deutschen, nämlich Bill, Bombast, Dogge, Frack, Guinee, Jury, Lord, Mops, Park, Pudding, Quäker, Spleen. Vor zwanzig Jahren unternahm ich bei der Ausarbeitung meines Wörterbuchs von Verdeutschungen entbehrlicher Fremdwörter eine Zählung der damals gebräuchlichen englischen Ausdrücke: ich kam auf 148 Wörter. Aber seit dieser Zeit ist ihre Zahl gewaltig angewachsen. Und, was die Hauptsache ist, nicht nur für Dinge und Begriffe, die aus England und Amerika zu uns gekommen sind, gebrauchen wir englische Ausdrücke, sondern oft auch für die einfachsten Begriffe des gewöhnlichen Lebens. Ich habe die bisherige Entwicklung aufmerksam verfolgt und bin zu der Überzeugung gelangt, daß wir eine neue Überflutung unsrer Sprache mit Fremdwörtern zu gewärtigen haben, wenn nicht bei Zeiten thatkräftig Einhalt gethan wird.

Das Herrschaftsgebiet der englischen Sprache hat in letzter Zeit immer mehr an Ausdehnung gewonnen. Man braucht nicht so weit zu gehen wie Diels, der ständige Sekretär der Berliner Akademie der Wissenschaften, welcher im Englischen die kommende Weltsprache sieht. Aber unstreitig macht diese Sprache allenthalben große Fortschritte, namentlich auch in Deutschland. Während früher die Kenntnis des Englischen bei uns im ganzen wenig verbreitet war, lernt man jetzt überall Englisch. In den Kreisen der vornehmen Gesellschaft ist gegenwärtig die englische Sprache angesehener als die französische, für Kaufleute und Techniker ist die Kenntnis des Englischen unentbehrlich, unsre Töchter lernen Englisch ebenso fleißig wie Französisch, und selbst das klassische Gymnasium hat das Englische unter die wahlfreien Fächer aufnehmen müssen. Diese größere Sprachkenntnis giebt sich schon in der mündlichen Behandlung der Ausdrücke kund.

Früher sprach man die englischen Ausdrücke nach französischer Art aus. Ich erinnere an Worte wie Waggon, das trotz seinem echt englischen Aussehen noch heute mit französischem Nasenlaute gesprochen wird, oder an Jury, Guinee, Budget, Closet und Croquet (mit dem Ton auf der letzten Silbe), an Comfort, comfortable (vielfach noch französisch ausgesprochen), ferner an Anchovis, das von den meisten für ein französisches Wort gehalten wird, thatsächlich aber das englische anchovy, Mehrzahl anchovies ist (französisch anchois).

Jetzt bemüht sich jeder, der etwas Englisch versteht, seine Sprachkenntnis leuchten zu lassen, auch wo es gar nicht am Platze ist. Statt Neu-York, Neufundland, Niagára, Canada hört man jetzt Nju-York, Nju-Faunbländ, Neiágärä, Känäbä; Kapstadt wird zu Capetown, der Oranje-Freistaat, der mit dem Oranje-Fluß seinen Namen von den Oraniern ableitet, wird Orränbsch gesprochen, ja ein deutsches Geschäft für Kaffee-Ersatz, das in Vlissingen eine Zweigfabrik hat, nennt in seinen deutschen Ankündigungen diese holländische Stadt mit englischer Namensform Flushing.

Die Einbürgerung englischer Wörter in unsrer Sprache erklärt sich aber nicht nur aus der weiteren Verbreitung englischer Sprachkenntnisse, sondern auch aus dem großen Einflusse, welchen englische Sitte und Mode, englische Einrichtungen im politischen und gesellschaftlichen Leben, namentlich Sport und Bewegungsspiele in neuerer Zeit bei uns gewonnen haben. Man denke nur an den Renn-, Ruder- und Jagdsport, an Pferde- und Hundezucht, an das Radfahren, an Croquet, Tennis und Fußball. In allen diesen Beziehungen sind die Engländer die bewunderten Vorbilder unsrer vornehmen Welt, Englisch ist jetzt fein, Englisch ist Trumpf. Für manchen jungen Deutschen ist es das höchste Ziel seines Ehrgeizes, für einen Engländer gehalten zu werden. Wie der Deutsche früher der Affe des Franzosen war, so äfft er jetzt den Engländern nach.

Über diese auffällige Wandlung im Geschmacke der Deutschen verbreitet sich auch der englische Daily Telegraph vom 14. Oktbr. 1899 in einem Aufsatze, den wir der Güte eines Londoner Sprachvereinsmitgliedes verdanken. Der Verfasser beklagt sich zuerst darüber, daß in Deutschland bei dem jetzigen Kriege in Südafrika eine den Buren freundliche Stimmung herrsche, und fährt dann fort: »Die Haltung des deutschen Volkes ist um so überraschender, als zu keiner Zeit das deutsche häusliche und öffentliche Leben so sehr unter englischem Einflusse stand wie gegenwärtig. Der Hausbau und die Hauseinrichtung haben sich geändert, um sich den englischen Ansichten über Gesundheitspflege und Geschmack anzupassen. Männer und Frauen kleiden sich nach Londoner Mustern, die englischen Seebäder sind maßgebend für die Mode. Lawn-Tennis, Fußball, Rudern und alle Bewegungsspiele im Freien sind seit zehn Jahren in das deutsche Leben eingeführt. In der feinen Welt spricht man jetzt von luncheon und dinner statt vom zweiten Frühstück und Mittagessen. Die deutsche Gewohnheit, um 11 Uhr zu frühstücken und um 3, 4 oder 5 Uhr zu Mittag zu essen, macht dem luncheon um ½ 2 Uhr und dem dinner um 6 oder 7 Uhr reißend schnell Platz. Englische Schneider machen in deutschen Familien von Zeit zu Zeit ihre Besuche, und Herren und Damen geben ihnen regelmäßige Aufträge, während der Wortschatz der feinen Welt in Berlin mit englischen Ausdrücken verschwenderisch ausgestattet ist."

Diese Bevorzugung des Englischen vor dem Französischen können wir schon rein äußerlich an den Vornamen unsrer Kinder wahrnehmen. Früher beliebte französische Namen wie Jean, Louis, Henri, Jacques; Lisette, Hermance, Annette, Blanche verschwinden mehr und mehr. Dafür kommen englische Namen auf wie John, William, Harry, James, Oliver; Mary, Betty, Jenny, Lizzy, Harriet, Jane, Ellen u. a.

Dieselbe Änderung der Mode finden wir auch in den Benennungen der mit dem Menschen in nähere Berührung kommenden Tiere. Für Hunde z. B. hatte man früher italienische Namen wie Caro (der Teure), Nero (der Schwarze), Fido (der Treue), Bello, Bolline, Bella (der, die Schöne), oder französische wie Ami (der Freund), Chéri (der Geliebte), Fidèle (der Treue); jetzt sind englische Namen bevorzugt. Aus der Namenliste einer Hundeausstellung in Dresden habe ich mir folgende englische Bezeichnungen angemerkt: Airy, Bellmaid, Bill, Bobby, Boy, Daisy, Dandy, Duke, Duchess, Fly, Fox, Gipsy, Jack, Lord, Miss, Perry, Scott, Sharp, Sir, Smart, Waterman.

Ähnliches gilt von den Pferdenamen und den Benennungen für die verschiedenen Arten von Wagen. In früherer Zeit herrschten französische Namen wie Equipage, Fiacre, Diligence, Carrosse, Carriole, Chaise, Américaine, jetzt hören wir von Brake, Brougham, Cab, Coach, Comfortable, Dogcart, Gig, Phaeton, Tilbury.

Nicht anders ist es bei den Bezeichnungen für Stoffe und Kleidungsstücke. Ich will nur einige aus der großen Zahl herausgreifen, Ausdrücke wie Buckskin (zuweilen noch französisch ausgesprochen), Cheviot, Cloth, Cover-coat, Dowlas, Lasting, Shirting, Shoddy; oder Kleidernamen wie Havelock (nach einem englischen General benannt), Waterproof, Plaid, Smoking, Sweater, Tailor-made, Cape usw.

Auch bei den Namen für Speisen und Getränke können wir dieselbe Wahrnehmung machen, daß sich neben den alten französischen Ausdrücken jetzt mehr und mehr englische Namen einbürgern. Längst aufgenommen sind das nicht zu übersetzende Pudding, ferner Beefsteak, Roastbeef, Rumpsteak, wofür wir Rindstück, Rostbraten, Rumpfstück sagen können; jetzt kommt noch hinzu Vealsteak (Kalbsschnitzel), Irish stew (irisches Hammelfleisch), Mixed pickles (englische Essigfrüchte), Mock turtle-soup und Real turtle-soup (unechte und echte Schildkrötensuppe), Welsh Rarebit oder Rabbit (heißes Käsebrot), Sandwich (englisches Fleischbrötchen), Ham and eggs (Eier mit Schinken); englische Austern heißen Natives, ja sogar die gut deutsche Ochsenschwanzsuppe muß es sich meist gefallen lassen, in englischem Gewand als Oxtail-soup auf der deutschen Speisekarte zu erscheinen. Englische Bezeichnungen für Süßigkeiten sind Drops und Rocks. Das früher allgemein übliche französische »Biscuit« wird jetzt mehr und mehr verdrängt durch das englische Cakes. Diese englische Mehrzahl-Form gebraucht man in Berlin (nach einer Mitteilung des Herrn Oberlehrers Wappenhans) auch für die Einzahl: »Gieb mir ein Keeks«! Will man mehrere haben, so bittet man um einige »Keekse«. Bei den Getränken finden wir neben den alt eingebürgerten englischen Namen Rum, Grog, Punsch, Bowle, das man am besten gleich nach deutscher Art Bole schreibt, neuerdings auch Cherry-brandy für Kirschwasser, Flip für Warmbier und den recht überflüssigen Namen Sherry. Sherry ist nämlich die englische Verballhornung des spanischen Wortes Xeres, womit der in der Nähe von Xeres de la Frontera in Andalusien wachsende feurige Wein bezeichnet wird. Wie thöricht von uns Deutschen, die wir sonst jeden fremden Namen in der landesüblichen Aussprache wiedergeben, ein spanisches Wort in englischer Entstellung bei uns einzuführen!

Daß man überhaupt gegenwärtig auch in weiteren Kreisen wenigstens einige Kenntnis des Englischen voraussetzt, kann man recht gut aus den öffentlichen Ankündigungen der Kunstreitergesellschaften, der Singspielhallen und ähnlicher Schaustellungen erkennen. Diese zeichneten sich bekanntlich von jeher durch eine möglichste Fülle von Fremdwörtern aus. Früher hatte das Französische darin beinahe die Alleinherrschaft, jetzt tritt mit ihm das Englische in lebhaften Wettbewerb. Mr. und Miss liest man jetzt häufiger als Monsieur und Mademoiselle, die Sisters Barrison stehen noch in — bestem Angedenken. Im Dresdner Centraltheater, das nach einem Zeitungsbericht in diesem Winter wieder »ein first-class Programm« hat, bilden jetzt eine »great attraction« die »Power Brothers, the three funny Tramp-Cyclists«. Dort tritt auch Mr. Stuart auf als male Patti (die männliche Patti). Eine Nummer dieses first-class Programms heißt:

»Beim Flirten erwischt« (d. h. beim Liebeln). Eine andere Nummer ist in sprachlicher Beziehung eine wahre Ungeheuerlichkeit. Sie lautet wörtlich: La Roland in her dance illuminée — Französisch und Englisch in buntem Durcheinander! Diese sprachliche Erscheinung ist außerordentlich bezeichnend für die Fortschritte, die das Englische in jüngster Zeit bei uns gemacht hat. Vor zwanzig Jahren wäre es niemandem in den Sinn gekommen, in einem Vortragsverzeichnisse so viele englische Ausdrücke deutschen Zuschauern zu bieten.

Bei dieser Vorliebe für das Englische ist es natürlich, daß, sobald von englischen oder amerikanischen Verhältnissen die Rede ist, hauptsächlich englische Ausdrücke verwendet werden. Da giebt es kein erstes oder zweites Frühstück, kein Mittag- oder Abendessen, kein Empfangszimmer, sondern Breakfast, Luncheon, Dinner, Supper, Drawing-room. Wir lesen von High-life, Nobility und Mob, von Clerks und Stewards. Die englischen Geschäftsträger heißen Residenten, die Geistlichen Reverends, die Gesellschafts= zeit (saison) Season. Jede Kneipe ist ein Bar, das Dampfschiff ein Steamer. Die Eingeborenen in den englischen Kolonien sind Natives, sie stehen unter Chiefs, Koprahändler werden zu Copratraders, Ebenholzbäume zu Ebony= bäumen, und so geht es lustig immer englisch weiter. Aber nicht nur, wenn von englischen Kolonien die Rede ist: wer erinnert sich nicht noch des früher so viel genannten King Bell, der, obgleich dem deutsch=afrikanischen Kolonial= besitze zugehörig, dennoch in deutschen Zeitungen immer als King bezeichnet wurde. Und selbst deutsche Beamte und Offiziere nennen ihre schwarzen Diener in Afrika meist Boy.

Alles das sind Begriffe, die sich im Deutschen ganz bequem ausdrücken lassen. Würde wohl ein Engländer oder ein Franzose in solcher Weise seine Muttersprache verleugnen? — Etwas ganz anderes ist es, wenn das englische Wort unübersetzbar ist, wenn es einen Begriff bezeichnet, für den wir in unsrer Sprache keinen entsprechenden Ausdruck haben, wie Sport, Spleen, Check, Humor, Pudding u. a. Solche Wörter können wir einfach herüber= nehmen, und zwar um so unbedenklicher, als das Englische ja Fleisch von unserm Fleische ist und besonders in der Betonung ganz mit deutscher Art übereinstimmt. Derartige Ausdrücke soll man am liebsten eindeutschen, wie wir es ja schon lange bei gewissen Wörtern gethan haben, denen man ihre Herkunft aus dem Englischen kaum mehr ansieht, wie Bai, Brise, Dock, Dogge, Elfe (deutsch Alp, durch Wielands Übersetzung des Sommer= nachtstraumes von Shakespeare und durch Herders Volkslieder eingeführt), Frack, Lotse, Puffer (an Lokomotiven, englisch buffer), Schwindler*) u. a.

---

*) Schwindler aus dem englischen Swindler, wie Friedrich Kluge in der Zeitschr. des A. D. Sprachvereins 1897 S. 20 f. nachweist. Das Wort kommt im Deutschen zuerst bei Lichtenberg in der Erklärung der Hogarthischen Kupferstiche vor (1794—1799). Dort

Dann muß man sie aber natürlich auch in der Aussprache als deutsche Wörter behandeln. Man spreche also Check wie Scheck, Lord und Sport wie Wort, fort, nicht Loord, S-poort oder S-poortsmän für Sportsmann. Noch erfreulicher ist es, wenn englische Ausdrücke einfach übersetzt werden, was ja bei der nahen Verwandtschaft der beiden Sprachen außerordentlich nahe liegt. So haben wir aus dem Englischen übertragen Begriffe wie Blaubuch, Blaustrumpf, Buchmacher, Schrittmacher, Freibenker, Freimaurer, Heißsporn, Ostend, Westend usw.; auch das neuerdings eingeführte Wort aussperren, Arbeitssperre ist dem englischen lock-out nachgebildet.

Aber dieser einfache, bequeme, natürliche Weg wird oft geflissentlich gemieden, selbst wenn sich die Übersetzung von selbst darbietet. Wie oft hören wir von dem Five o' clock tea statt 5 Uhr-Thee, von Self-made man und Self-government, obgleich wir doch ganz gut sagen können selbstgemachter Mann und Selbstverwaltung, von the upper ten thousand statt der oberen Zehntausend, von Temperance-Verein statt Mäßigkeitsverein. Bei deutschen Schiffen redet man von Tons, obgleich die deutsche Tonne von der englischen verschieden ist.*) Wir gebrauchen die aus England stammenden lateinischen Wörter Majorität und Minorität, Export und Import statt Mehrheit und Minderheit, Ausfuhr und Einfuhr, Nonsense statt Unsinn, Referenzen für Empfehlungen, disloyal für ungetreu, obgleich wir daneben auch noch das französische illoyal haben, Lift für Fahrstuhl oder Aufzug, Tramway für Pferdebahn, Straßenbahn. Wie oft liest man von Standard-work, als ob wir nicht auf gut Deutsch Hauptwerk, Musterwerk, klassisches Buch sagen könnten? Wozu Reporter und Penny-a-liner für Berichterstatter und Zeilenschreiber? Wozu immer wieder Strike, obgleich wir doch diesen Begriff durch Arbeitseinstellung oder Ausstand ausdrücken können? Im Jahre 1892 befand sich in dem zwischen Berlin und München verkehrenden Schnellzug ein Speisewagen, der in großen Buchstaben die Aufschrift trug »Dining car« und »Restaurant«; eine deutsche Bezeichnung fehlte vollständig! Wozu auch? Wir leben ja in Deutschland! Vor kurzer Zeit las man in den Zeitungen, daß in Gmunden bei dem Hochwasser Propeller den Verkehr vermittelten — wozu das englische Wort statt Schraubendampfer, Schraubenboot? Eine Drahtmeldung berichtete neulich, daß bei dem Zusammenbruch

---

sagt er von einem Glücksritter, er sei »eine von den berüchtigten Personen, ... die man in England Swindlers nennt«.

*) Eine andere Einwirkung englischen Einflusses ist es, wenn deutsche Kriegsschiffe, auch wenn sie einen männlichen Namen tragen, doch mit dem weiblichen Geschlechtswort bezeichnet werden: die »Bismarck«, die »Stosch«, die »Moltke«. Das widerstreitet jedem gesunden Sprachgefühl.

eines Berliner Bankhauses auf verschiedene andre Banken ein Run erfolgt sei — liegt denn Berlin in England? Wir sagen »ein Ansturm«, die Bank wird gestürmt, es erfolgt ein großer Andrang u. dgl. Und nicht nur Runs giebt es in Berlin; auch Rowdies treiben in der Hauptstadt des deutschen Reichs ihr Unwesen — wenigstens nach den Berichten der Tageblätter, als ob wir keine deutschen Strolche und Raufbolde hätten.

Englische Erfindungen werden natürlich immer unter englischer Bezeichnung in den Handel gebracht, mag auch die Übersetzung noch so nahe liegen, wie bei dem Life-preserver, dem Lebensretter oder Totschläger, dem Spray-Apparat, einem Zerstäuber, dem Sewing-Book, einer Heftmaschine, dem Scrap-Book, einem Sammelbuch oder Einklebebuch. Für Federhalter, die mit Tinte gefüllt werden können, haben wir den kurzen, bezeichnenden Ausdruck Füllfeder. Aber in den Ankündigungen unsrer Schreibwaren-Handlungen lesen wir meist Fountain Pen, Independent Pen u. ä. Quaker-oats wird in allen Zeitungen den deutschen Hausfrauen empfohlen — warum nicht auf Deutsch »Englische Hafergrütze«? Selbst mein wackerer, gut deutscher Zahnarzt schreibt auf der Rechnung Stopping-Plombe für Zahnfüllung. Auch die Hersteller von Geheimmitteln, die sich ja mit Vorliebe der Fremdwörter bedienen, — sie kennen ja ihre Landsleute — nehmen in neuester Zeit mehr und mehr englische Ausdrücke auf. Bekannt ist Pain-expeller, ein Mittel gegen allerlei Schmerzen, H. Alemann's Vegetable Bathing-Prepareds; ja selbst unsren Fleischern traut man Kenntnis des Englischen zu: das trotz des Verbotes oft verwendete Fleischsalz, das zur Färbung des Hackfleisches und der sogenannten Appetitswürstchen dient, wird ihnen als Meat Preserve oder als Meat Preserve Crystal angeboten.

Aber sogar deutsche Erzeugnisse werden jetzt schon von ihren Verfertigern unter englischen Namen in deutschen Zeitungen angekündigt. Ein Kölner Hutmacher empfiehlt seine Pocket-Hats, ein deutsches Geschäftshaus kündigt ein Hautverschönerungsmittel an unter der Bezeichnung Bridal-Bouquet-Bloom, ein Schneider bietet seine Reithosen als Militär-breeches an. Auf den zum Versand bestimmten Flaschen des Aachener Kaiserbrunnens steht nicht »Schutzmarke«, sondern Trade-Mark, ähnlich wie die photographische Gesellschaft in Berlin im Jahre 1897 auf der deutsch abgefaßten Ankündigung eines neuen Unternehmens nicht etwa »Nachdruck verboten« schreibt, sondern: Copyright 1897 by Photographische (!) Gesellschaft. Vor zwei Jahren erschien eine neue deutsche Zeitung für die vornehme Welt; sie nennt sich High-Life. Wie die Zeitschrift des A. D. Sprachvereins (VI 153) mitteilt, bezeichnet man in Remscheid und Solingen deutsche Stahlwaren als Cast steel (Gußstahl), deutsche Seife erscheint auf dem Markt als Toilet Soap by Dr. Upmann, Düsseldorf, oder als Wm. Rieger's celebrated Cold Cream

Soap (Frankfurt), Halsbinden werden angekündigt als English silk, High-Life, Handschuhe als Gloves usw. Nach derselben Quelle (X 182) nennt sich eine Brauerei in Bremen The St. Pauli Breweries Company Limited. Auch in Dresden wurde im Jahre 1897 in das Handelsregister eingetragen Novelty Company Braun & Hahn. Diese Company giebt Novelty-Albums heraus, die — deutsche Ansichtskarten enthalten. Ja Novelty, latest Novelty — das ist unsre neueste deutsche Errungenschaft, seitdem wir die Nouveauté und die haute, ja sogar hauteste Nouveauté glücklich zurückgedrängt haben. Wahrscheinlich ist »Neuheit« nicht — neu genug. Zu den besten deutschen Bleistiften gehört der sogenannte Kohinurstift von Hardtmuth. Und die Aufschrift dieser in deutschem Sprachgebiet verkauften Stifte? Sie lautet: Koh-i-noor made by L. & C. Hardtmuth in Austria. British graphite drawing pencil. Compressed Lead. Ich habe mich wiederholt bemüht, einen solchen Stift mit deutscher Aufschrift zu erhalten — umsonst. Darf man sich wundern, wenn die Engländer über die Bedientenhaftigkeit der Deutschen spotten?!

Am üppigsten wuchert das englische Unkraut auf dem Gebiete des Sports und der Bewegungsspiele. Da hören wir von Record, b. h. einer eingetragenen Höchstleistung, Zielleistung, Meisterschaft (von lat. recordari, sich erinnern, gedenken, ursprünglich ein Merkbuch, in dem die besten Leistungen aufgezeichnet werden), von Turf, Tattersall, Steeple-chase, Handicap, von Trainers und Jockeys, von starten und kantern; das begünstigte Pferd, auf welches die meisten Wetten abgeschlossen werden, ist der Favourite, beim Rennen ereignet sich bisweilen ein Accident, b. h. es ereignet sich ein Ereignis, soll heißen ein Unfall, Unglücksfall, und den Schluß macht in würdiger Weise der Totalisator. In der Schilderung eines Jagdrennens, das sächsische Offiziere veranstalteten, liest man, daß die Mitglieder des Klubs sich bei den Kennels (Hundeställen) ein »Rendez-vous« geben; der zur Hetze verurteilte Damschaufler wird kurz nach 1 Uhr »lanciert«, der Master giebt das Zeichen zum Beginn der Jagd, die Meute stiebt in voller Pace davon, bei einem Gehölz giebt es einen kurzen Stop, dann folgt ein fester Run, und so geht es auf Englisch immer weiter.

Bei dem Wettrudern lesen wir von Championship, von Skiff und Skuller, von Junioren u. dgl. Das gute holländisch=deutsche Wort Jacht wird nach englischer Art Yacht geschrieben und in den Sport- und Seekreisen sogar nach englischer Weise Jott gesprochen. Nicht anders ist es beim Fußball oder richtiger Foot-ball, wie der S=poortsmän spricht. Die Zeitschrift des A. D. Sprachvereins (VII 175 ff.) giebt einen Bericht über ein Wettspiel von Berliner Gymnasiasten, in dem es wimmelt von englischen Ausdrücken wie Captain, Goal, Goalkeeper, Half Time, Passing, Kick in u. a.

Am tollsten geht es bei dem Lawn-tennis oder Netzballspiel zu. Da giebt es keine Schläger, sondern Rackets, kein Netz, sondern Net, keine Linie, sondern Line. Man glaubt in Alt-England oder in Amerika zu sein, wenn man den Spielenden zuhört. Lauter Engländer, kein deutsches Wort, nur Play! ready! out! right! second-bounce, deuce, advantage, game, set! Die kleinen Jungen, welche die Bälle aufheben, heißen Ballboys, sogar die Zahlen 15, 30, 40 dürfen bei Leibe nicht auf deutsch ausgesprochen werden — »O was ist die deutsch Sprak für ein arm Sprak! für ein plump Sprak!« — beim Tennis heißt es fifteen, thirty, forty. Alles englisch, — leider nur zuweilen nicht die Aussprache. Aber mögen auch die Engländer höhnisch lächeln, der echte Tennisspieler wird lieber auf die kläglichste Weise Englisch radebrechen, als deutsch zählen. Das wäre ja ungebildet! Diese deutsche Jämmerlichkeit weckt in mir die Erinnerung an ein Erlebnis in meiner Jugend, das auf mich einen tiefen Eindruck machte. In meiner Heimat, einer sächsischen Mittelstadt, sah ich zum ersten Male, wie Billard gespielt wurde. Die Spieler waren wackere Bürger, meist dem Handwerkerstande angehörig. Ich verfolgte das mir neue Spiel mit lebhafter Teilnahme, konnte aber nicht begreifen, was für sonderbare Ausdrücke dabei gebraucht wurden. Endlich fragte ich in aller Bescheidenheit, was das zu bedeuten hätte — und erfuhr zu meinem größten Erstaunen, daß das Französisch sei; denn bei dem Billardspiel müsse man französisch zählen. Die guten Leute hatten keine Ahnung von der französischen Sprache, aber die Zahlen hatten sie sich mühselig eingelernt, so gut oder vielmehr so schlecht es ging.*) Das war vor nahezu fünfzig Jahren, zu einer Zeit, wo es noch kein geeinigtes Deutschland gab, wo der Deutsche es sich ruhig gefallen lassen mußte, wenn ihn der Ausländer hochmütig über die Achsel ansah — und jetzt? »Dasselbe in Grün!« Damals betete man den französischen Götzen an, jetzt den englischen. Wird denn nicht endlich einmal die Zeit kommen, wo es dem Deutschen genügt, deutsch zu sein?

Man wird einwenden, es seien eben englische Spiele, mit denen die englischen Ausdrücke zu uns gekommen seien, es handle sich dabei zumeist um eitle junge Leute, die gern mit ihren wirklichen oder vermeintlichen Sprachkenntnissen prunken. Aber auch in der gewöhnlichen Sprache des Lebens, bei Leuten, die über diese Jugendthorheit hinaus sein sollten, finden wir häufig englische Wörter völlig unnötig in die deutsche Rede eingemengt.

---

*) Aus dieser Zeit stammt die Redensart: Es steht mit einem quarante-sept. d. h. sehr bedenklich. Das Spiel wurde mit 48 Punkten oder, wie man damals sagte, Points gewonnen. Hatte also der Gegner 47 Punkte, so war man in größter Gefahr, das Spiel zu verlieren.

Wie oft hört man fashionable, gentlemanlike, shocking, smart, whimsical, all right und das bis zum Überfluß wiederholte last not least. Eine Volksversammlung ist ein Meeting, ein feiner Mann ein Gentleman, ein Börsenspieler ein Stockjobber, eine hervorragende Bühnenerscheinung ein Star — warum nicht auf Deutsch »Stern«, meinetwegen erster Größe? Mancher Deutsche, der kein Wort Englisch versteht, hält trotzdem einen Speech. Man redet von Standard of life statt von Lebenshaltung und von dem Lookout, ohne daran zu denken, daß man ebenso gut auf Deutsch »Lug-aus« sagen könnte. In den Gerichtsverhandlungen über den »Klub der Harmlosen« in Berlin, die vor kurzem so berechtigtes Aufsehen erregten, spielte das Wörtchen fair und sein Gegensatz unfair eine besondere Rolle. Ja sogar auf dem Parteitag der Socialdemokraten in Hannover ruft Bebel seinem Gegner Auer zu, es habe »bisher unter anständigen Leuten nicht als sehr fair gegolten, Privatgespräche in der Debatte vorzubringen«.*)
Und noch verbreiteter ist jetzt Baby. In den Ankündigungen unsrer Geschäftshäuser liest man von Baby-Wäsche, Baby-Kleidchen, Baby-Schuhen. Ja wir sind schon so weit in unsrer englischen Bildung gekommen, daß sogar Kindermädchen in Anzeigeblättern eine Stelle bei einem Baby suchen. Und wie zum »Kind« die »Kinderfrau« gehört, so bürgert sich jetzt neben dem Baby die englische Nurse immer mehr ein.

Auch gute Schriftsteller lieben es jetzt, englische Brocken in die deutsche Rede einzuflechten. Da schreibt einer von »Glossen, die sich nicht über das Niveau des political gossip (des politischen Klatsches) erheben«, ein anderer von know-nothings (unwissenden Menschen, Dummköpfen), ein dritter von einem would-be Aristokraten. Spielhagen schreibt von einem matter of fact-man, von einem »Stadium des Überreizes, des excitement«, er fügt also für seine deutschen Leser, die vielleicht den Ausdruck »Überreiz« nicht verstehen könnten, zum besseren Verständnis das englische Wort hinzu! Karl Hillebrand nennt den Papst Alexander VI. einen ewig jungen Dandy. Ein geistreicher Schriftsteller spricht von einem representative man in der französischen Litteratur — er hätte es kürzer haben können, wenn er »Vertreter« gesagt hätte. Ein andrer bezeichnet das bekannte Darwinsche Gesetz mit dem englischen Ausdruck natural selection. Aber wozu diese lange, schwer auszusprechende englische Bezeichnung, während wir im Deutschen ein

---

*) Bei dieser Gelegenheit möchte ich darauf aufmerksam machen, daß gerade die Socialdemokraten in ihren Schriften und Zeitungsaufsätzen mit besonderer Vorliebe Fremdwörter anwenden, obgleich sie sich gerade an solche Schichten unsres Volkes wenden, die keine fremdsprachliche Bildung haben. Glauben sie vielleicht damit bei dem »dummen Volke« besonderen Eindruck machen zu können? Oder huldigen sie dem Grundsatze: »Denn eben wo Begriffe fehlen, stellt sich zur rechten Zeit ein Fremdwort ein«?

viel kürzeres und treffenderes Wort in der musterhaften Verdeutschung Zucht-
wahl haben? In einem Roman von E. v. Wald-Zedtwitz liest man, daß
Herr P. »schneidig dahin pacete« (Zeitschr. des A. D. Sprachvereins VII 146).
Was heißt das? Die meisten Leser werden in Verlegenheit geraten, zumal
da das Wort mit deutschen Buchstaben geschrieben ist. Es ist das englische
to pace von Pace = Paßgang, also eigentlich im Paßgang reiten. Jetzt
wird das Wort in Sportkreisen überhaupt von einer sehr schnellen Gangart
gebraucht. Eine deutsche Zeitung redet von einer »magyarischen Gentry«,
aber in Ungarn spricht man doch nicht Englisch! Sogar die alten, guten
Wörter Atlantisches Meer, Stilles Meer werden von der jetzigen Engländerei
angetastet. Ein Professor der Erdkunde schreibt in einem wissenschaftlichen
Werke über Meereskunde nur Atlantic und Pacific. Ein andrer Vertreter
der deutschen Wissenschaft nennt das englische Reichsamt des Innern Home
office, den englischen König Wilhelm King William, ja er schreibt sogar
Newzealand für Neu-Seeland, South Australia für Süd-Australien, New
Brunswick für Neu-Braunschweig. In einem Bericht über eine Feuers-
brunst in Jokohama las man vor wenig Tagen, daß eine den Globetrottern
wohlbekannte Straße zerstört worden sei. Giebt es denn keinen deutschen
Ausdruck für Globetrotter? Wir können doch Weltreisender oder meinetwegen Weltbummler sagen. Ein bekannter Afrikaforscher berichtet, daß ein
Freund von ihm aus einem Londoner Klub geblackballed worden sei —
es war ihm also durch Abgabe einer schwarzen Kugel die Aufnahme in den
Klub verweigert worden. Ja selbst der einfache deutsche Begriff Händedruck
wird von einem Schriftsteller englisch ausgedrückt und noch dazu an einer
Stelle, wo von russischen Verhältnissen die Rede ist. »Nur wenige passierten
an der Säule vorüber, ohne an Katkow heranzutreten, ein Handshaking,
ein Wort mit ihm auszutauschen«.

Ich glaube, diese Proben genügen, um zu beweisen, daß wir hier in
der That einer Spracherscheinung gegenüber stehen, die den Freund der
Muttersprache mit Besorgnis erfüllen muß. Unwillkürlich denkt man an die
frühere Zeit, wo die französischen Fremdwörter in hellen Haufen ihren Ein-
zug hielten in die ehrwürdigen Hallen unsrer Sprache. Anfangs wurden sie
ebenso wie jetzt die englischen Ausdrücke so zu sagen mit Anführungs-
strichen gesprochen. Man schrieb sie mit lateinischen Buchstaben und fügte nur
die Biegungsendungen in deutscher Schrift hinzu. Aber das dauerte nicht
lange; gar bald hatten die fremden Schmarotzer auf dem Baum unsrer Sprache
Wurzel gefaßt, und wir wissen, wie schwer es ist, sie wieder auszureißen.
Auch damals gingen ebenso wie jetzt die vornehmen Kreise mit dem
schlechten Beispiele voran, sie wollten zeigen, daß sie etwas gelernt hätten;
sie wollten sich dadurch von dem gewöhnlichen, ungebildeten Volk unter-

scheiben. Aber das Volk will auch »fein« sein, es macht die Sprachmode mit, wie es die Kleidermode mitmacht. So drangen damals die französischen Ausdrücke allmählich zu den mittleren und unteren Ständen hinab, und so müssen wir fürchten, daß mit der Zeit auch die neuen englischen Fremdwörter in die weiteren Volkskreise übergehen werden. Dieselben Fehler des deutschen Wesens, die den früheren schmachvollen Zustand unsrer Sprache verschuldet haben, treten auch jetzt wieder hervor: die dem Deutschen angeborene Überschätzung des Fremden, ein bedauerlicher Mangel an deutschem Selbstgefühl, die nicht genug zu beklagende Mißachtung der eigenen Sprache, und eitles Prunken mit Sprachkenntnissen. Das sind die alten Erbfehler unsres Volkes. Dem Deutschen mangelt die Widerstandskraft gegenüber dem Ausländischen. Wenn er mit dem Ausland in unmittelbare Berührung tritt, ist er nur zu bald bereit, sein Volkstum preiszugeben. Das sehen wir an unsren Grenzen, namentlich an der französischen Sprachgrenze, wo Deutsch und Französisch durcheinander gemengt wird, und ganz besonders bei den Deutschen in Amerika. Was wird dort, in manchen Gegenden wenigstens, für ein entsetzliches Deutsch gesprochen — und auch geschrieben und gedruckt! Ungescheut versieht man englische Zeitwörter mit deutschen Endungen und so finischt man ein Glas Bier (man trinkt es aus), man mietet einen Freund (man trifft mit ihm zusammen, von to meet), man startet for hom (man bricht auf, um nach Hause zu gehen). Eine Angelegenheit wird gesettelt oder gemanäscht d. h. in Ordnung gebracht (von to settle und to manage). Man ringt die Bell, man läutet die Glocke (to ring the bell). Ein Freund hat gemuft d. h. er ist ausgezogen, in eine andere Wohnung (to move). Nach dieser Art gebraucht man diskoffern (entdecken, discover), kätschen (fangen, catch), publischen (veröffentlichen, publish), schmellen (riechen, smell), schmeilen (lächeln, smile), manufactern (verfertigen, manufacture) usw. Aber auch sonst erkennt man überall den Einfluß der englischen Sprache. Es wird ein Drink genommen, man hat zwei Thaler und ein halb. Auf die Frage, wie lange einer verheiratet ist, erfolgt die Antwort: zehn Jahre zurück (ten years ago).*) Bisweilen kommt selbst ein Kenner des Englischen in Verlegenheit, was er mit manchem Ausdruck anfangen soll. In Chicago sagte ein Deutscher einem Reisenden: »Hier fuhlen wir den Amerikaner, während in Philadelphia der Deutsche gefuhlt wird.« Dieses fuhlen ist nicht eine mundartliche Form für fühlen, es ist nicht die bekannte scherzhafte Nebenform für sie fielen, sondern es ist das englische to fool zum besten haben. In einer

---

*) Vgl A. Sartorius v. Waltershausen, Die Zukunft des Deutschtums in den Vereinigten Staaten von Nordamerika, Berlin 1885, S. 40.

pennsylvanischen Zeitung wurden vor einiger Zeit allerhand Lebensregeln in dieser amerikanischen Volkssprache veröffentlicht (Zeitschr. des A. D. Sprachvereins 1892 S. 177). Dort heißt es unter anderem: »Schulmester sollten particuler (particularly) dene große Mäd nie mehr lehren, wie in den Büchern steht. Handwerker sollten keh Mäd heiern (hire, mieten), die das Piano spielen und goldene Watschen (watch, Uhr) tragen. Bube sollten keh Tubak kauen, wann sie die Mäd sehne gehn, un uf Pic Nics beim Tanzen keh Cigar schmohke (smoke). Es sollt absolut net sein, daß Weibsleut faschionabel (fashionably) in der Stroß herumlaufen un dahehm alles im Dreck leien hen (lie, liegen), bekahs (because) die erste und schönste Fäschen (fashion, Mode) bei Weibsleut is und bleibt immer en sauber Haus.«

Sogar zu dichterischen Zwecken muß diese deutsch-englische Mischsprache dienen. Das Echo vom 1. Juni 1883 teilt folgendes scherzhafte Frühlingsgedicht einer deutsch-amerikanischen Zeitung mit:

> Die Luft ist rein, der Himmel blau,
> Lenz wird es wieder anyhow (einigermaßen)!
> Die Knospen sich schon strotzend ballen,
> Jetzt ist es Zeit, bei ihr zu callen (to call rufen):
> »Komm, süßes Lieb, put an dein Dreß (zieh an dein Kleid)
> Und never meind das Bufineß (denke nicht mehr ans Geschäft);
> Nice (nett) ist es draußen, laß dir tellen (sagen),
> Wenn auch noch nicht die Blumen smellen (riechen).
> Hur up (mach schnell)! Laß uns spazieren wallen (gehen)
> Und dabei sweet von Liebe talken (süß, plaudern).
> Ich bitt' dich, thu es nicht refiusen (schlag es nicht ab),
> Es ist so schön, im Frei'n zu schmusen!
> Anfangs mag sie etwas resisten (sich weigern),
> Doch später wird sie auf dich listen (hören).
> Aber wenn sie so du hast gefetscht (fetch holen),
> Lul aut (sieh zu, lug aus), daß sie nicht kalt dir kätscht
> (sich erkältet, to catch cold)!

Paulsick giebt in seiner Abhandlung über die Einflüsse, denen die Entwicklung der deutschen Sprache ausgesetzt ist« folgende Proben von der deutsch-amerikanischen Sprache in Pennsylvanien und West-Virginien: »Ich hab wollen«, sagt ein Landmann, »mit meinem Nachbar tscheinen (to join vereinigen, die Felder zusammenlegen) und ein Stück geklaret Land purtschasen (to clear klären, urbar machen; to purchase kaufen). Wir hätten no daut einen guten Barghen gemacht (no doubt ohne Zweifel, bargain Handel); aber ich konnt' nicht länger expecten (to expect warten)«. In dieser Mischsprache bekommen bisweilen die deutschen Wörter unter dem Einflusse des Englischen eine ganz andere Bedeutung. Aussetzen sagt man für abreisen (to set out), aufkommen mit jemand für jemand einholen (to come up with one). Das belangt zu mir heißt: es gehört mir (it belongs to me); ich thue das nicht gleichen soll bedeuten: ich liebe das nicht (i do not like that).

Wie schnell sich manche Deutsche daran gewöhnen, englische Wörter in ihre Sprache einzumengen, kann man aus einem Geschichtchen ersehen, das Paul Linbau von seiner Reise in Nordamerika erzählt (Echo v. 18. Okt. 1883). Bei der Einweihung der Pacificbahn trifft er in einsamer Gegend einen richtigen Berliner. Er fragt ihn, ob er häufig mit Indianern zusammentreffe. In reinstem Spree-Deutsch antwortet jener: »Alle Dage! Sie kommen jeden Morjen den Berg down.« — »»Und gefällt es Ihnen hier?«« — »Es jefällt mir ja so weit janz jut, man verdient ooch plenty of Geld, aber vor uns Berliner is es doch nischt.«

Wie weit diese Sprachenmischung bisweilen geht, zeigt uns ein Gespräch zweier Deutschen in einem Eisenbahnzuge, das in der Zeitschrift des Allgemeinen Deutschen Sprachvereins wortgetreu abgedruckt ist (1892 S. 57):

Halloo, John! — Halloo, Freddy! — Well, what is the matter? — All right! — Shop schon geschlossen? — Yes, unser boss will heute Abend mit seinem cousin und einigen clerks eine country-party in die mountains machen und nach skunks jagen; deshalb ließ der book-keeper schon um 5 Uhr whistle-n, worüber wir natürlich nicht disappointed waren. — Of course! — Nachdem ich mich etwas ge-fixed hatte, wanderte ich über den Hamburgh-place nach Maier's Beer-saloon und trank einen schooner und einige ponies, schlenderte dann zum depot, löste mir in der office ein ticket und nun sitze ich im train, wie Du siehst! — Well, John, fühlst Du heute nicht gut? — No, ich fühle heute nicht gut; ich glaube, ich habe eine cold ge-catched. — Fährst Du häufig mit dieser rail-road? — No, ich thue nicht, gewöhnlich benutze ich die Lehigh-Valley-Rail-road. Weil aber Maier's Beer-Basement nahe bei dem Pensilvania-Rail-road-Depot liegt, so benutze ich heute diesen train. Ich steige übrigens schon an East-Ferry-street-station aus, denn einer meiner boarders, Du kennst ihn ja, den clerk von der Metropolitan Life-Insurance-Company, will heute move-n, und da muß ich ihm doch in seiner neuen Wohnung wenigstens das front-room etwas fixe-n helfen usw.

Daß eine solche Mischsprache aber nicht nur in Amerika vorkommt, sondern auch in anderen Gegenden, wo Deutsche unter Engländern wohnen, beweist eine Mitteilung Josef Lehnerts in seinem Reisewerke »Um die Erde« (vgl. Zeitschr. d. A. D. Sprachvereins 1890 S. 131). Dieser erhielt in Schanghai (Ostasien) von einem deutschen Bekannten eine Einladung zu einer Jagd in folgender Form: »Nicht wahr, Sie sind dabei, wir machen eine shutting-party up country mit einem houseboat, natürlich half part —

das werde ich schon managen, — wir starten Sonnabend, und ich hole Sie before daylight von Ihrem man of war ab. Das wird ganz fair sein.«
— Auch in England kann man dies erleben, wie eine nette, kleine Geschichte zeigt, die mir einer meiner früheren Schüler aus London erzählte. Der deutsche Botschafter sitzt an seinem Arbeitstisch und klingelt nach dem Diener, einem Deutschen. Dieser tritt herein und verneigt sich mit den Worten: »Excellenz haben gebellt«. Verwundert blickt der Botschafter empor und fragt ihn, was er gesagt habe. In voller Unschuld wiederholt der Diener seine Worte: »Excellenz haben gebellt«. Erst als der Botschafter ihn anfährt: »Bin ich denn ein Hund?«, da merkt der Unglückliche, daß er — englisch-deutsch gesprochen habe (to bell klingeln). Ein Gegenstück zu diesem Mißverständnis infolge von Sprachvermengung teilt Sartorius von Waltershausen in der oben erwähnten Schrift mit. Ein nach Amerika ausgewanderter Deutscher schreibt an seine Angehörigen in der Heimat zurück: »Mir geht es hier sehr gut. Ich habe zwei Lotten und eine Liese, ich gehe betteln und habe einen guten Stock in der Hand«. Das sollte heißen, er habe zwei lots (Bauplätze), eine lease (Hypothekenforderung), er gehe hausieren (to peddle) und habe ein gutes Barvermögen (stock) zur Verfügung.

Man sieht an diesen Proben, in wie hohem Grade die Deutschen geneigt sind, englische Fremdwörter in ihre Sprache aufzunehmen. Man kann sich aber auch zugleich hieraus eine Vorstellung machen, wie unsere Muttersprache einmal aussehen wird, wenn die Engländerei bei uns weiter um sich greift.

Der Deutsche muß auch in sprachlicher Beziehung mehr Rückgrat haben. Er muß sich an anderen Völkern ein Beispiel nehmen, die eifersüchtig über die Ehre ihrer Muttersprache wachen. Wie machen es denn die Engländer mit den Dingen und Begriffen, die aus Deutschland zu ihnen kommen? Was sich nicht übersetzen läßt, machen sie sich mundgerecht, sie plagen sich nicht mit fremder Aussprache ab, wie wir; was aber irgend übertragbar ist, drücken sie mit Worten der eigenen Sprache aus. Von den Deutschen haben sie das Turnen entlehnt, aber sie nennen es gymnastics. Die Franzosen haben von den Engländern den check übernommen, aber sie bemühen sich nicht, ihn genau nach englischem Muster wiederzugeben, sie sprechen und schreiben einfach chèque.

Die neue englische Hochflut hat erst begonnen, aber sie ist auf dem besten Wege, unsre Sprache zu überschwemmen, wenn man ihr nicht Einhalt gebietet. Das deutsche Volk muß aufmerksam gemacht werden auf die Gefahr, die seiner Sprache droht; es muß gewarnt werden, so lange es noch nicht zu spät ist. Daß durch bewußte Einwirkung etwas erreicht werden kann, zeigt das Beispiel der Radfahrer, die früher Velocipedisten hießen, die auf dem Velociped, auf Bicycles und Tricycles fuhren, bis sie sich durch gemeinsamen Beschluß in ›Radfahrer‹ verwandelten. Nunmehr heißt es auf Deutsch Fahrrad, Zweirad und Dreirad. Ja sie haben sogar ein schönes und kurzes neues Wort für ihren Sport geschaffen, nämlich radeln, Radler, Radlerin. Es giebt auch Tennisvereine (Netzballvereine), die in gut deutscher Gesinnung auf ihren Spielplätzen nur deutsche Ausdrücke gebrauchen.*)

Hoffen wir, daß diese trefflichen Vorbilder auch andere zur Nacheiferung entflammen, suchen wir diese Bestrebungen mit aller Kraft zu unterstützen! Unsre Sprache ist so reich, wie keine zweite auf der Welt, sie gewährt uns Ausdrucksmittel für jede Art der Darstellung, wie unsre trefflichen Übersetzungen beweisen, die jeder fremden Sprache gerecht werden. Und diese schöne, reiche Sprache sollen wir durch das Einmengen unnötiger englischer Wörter entstellen? Sollen wir es dahin kommen lassen, daß die Sprache des neuen deutschen Reichs zu einem so häßlichen Zerrbilde werde, wie jene deutsch-amerikanische Mischsprache?

Wenn es manche Deutsche nicht als Schmach empfinden, sich zu Affen der Engländer zu machen, so wollen wir unsre Muttersprache wenigstens vor solcher Engländerei bewahren. Die Sprache ist ein Heiligtum des Volkes. Jedes selbstbewußte Volk ehrt und liebt seine Sprache. Vor hundert Jahren hat Klopstock in der Ode ›an uns‹ der deutschen Sprache die Worte in den Mund gelegt:

›Wer mich verbrittet, ich hass' ihn! mich gallizismet, ich hass' ihn!‹

Folgen wir der Mahnung des Dichters — jetzt, wo die Gefahr der ›Verbrittung‹ so groß geworden ist; dulden wir nicht, daß unsre Muttersprache, die leider aus den trüben Zeiten staatlichen Niederganges noch so viele Fremdausdrücke mit sich führt, jetzt in einer Zeit frischen Aufstrebens durch neue entbehrliche Fremdwörter entstellt werde!

*) Verdeutschungen der englischen Lawn-Tennis-Ausdrücke hat Freiherr Robert von Fichard in der Zeitschrift des Allgemeinen Deutschen Sprachvereins XII Sp. 1—7 veröffentlicht. Sie sind im Anhang abgedruckt.

Anhang.

Verdeutschung der englischen Lawn-Tennis- (Netzball-) Ausdrücke.

Advantage Vorteil.
advantage-set Partie mit Spiel=vor.
all right richtig; recht.

Back-hand mit Rückhand gespielt.
ball Ball.
   (my ball mein Ball; your ball Ihr
   [Dein] Ball.)
ballboy Balljunge, Ballbube.
base-line Grundlinie.
base-line game Spiel an der Grundlinie.

Classes above scratch ober c. below
   scratch Über= oder Unternormal=
   klassen.
court Spielfeld.
crosse-drive Kreuzschlag.

Deuce Einstand, gleich.
double-court Doppel=Spielfeld.
double-fault doppelt, Doppelfehler.
draw Auslosung.
   (to draw out at random die Namen
   [der sich meldenden Spieler] auslosen.)
drive Flachschlag.

Entry Nennung, Anmeldung.
event Preisspiel.

Fault Fehler; falsch.
fifteen-all zu fünfzehn; fünfzehn zu;
   fünfzehn gleich.

fifteen-love fünfzehn nichts; fünfzehn
   zu nichts.
first stroke Rückschlag.
foot-fault Stellung!
fore-hand mit Vorhand gespielt.
forty vierzig.
four games all vier Spiele zu; zu
   vier!
four-handed game Spiel zu vieren.

Game Spiel.
ground Spielplatz.

Half-court-line Mittellinie.
half-volley Sprungschlag.
handicap Ausgleichs=Preisspiel.
handicapper Ausgleicher.

Lawn-Tennis Tennis, Netzball.
laws of L. T. Lawn=Tennis=Gesetze,
   Netzball=Gesetze.
let gestreift, ungültig.
line Linie, Strich.
list Spielrolle.
lob Hochschlag.
love-game Nullspiel.
love-set Nullpartie.

Match Wettspiel.

Net Netz.
net! Netz! gestreift!

net-play Netzspiel = Spiel in der Nähe des Netzes.
not up tot.

Out aus, raus, außen.
overhand-service Hochauf=(an=)schlag.
overhand-twist-service Hochauf=(an=)schlag mit Drehball.
owed odds Minus=Vorgaben.

Partner Mitspieler.
pass überholen.
play! los! Achtung! Spiel!
in-play gut.
play it out ausspielen.
posts Pfosten.

Racket Schläger.
rally Gang.
ready fertig, bereit.
not ready! noch nicht!
received odds Plus=Vorgaben.
referee Oberschiedsrichter.
rest Gang.
rough or smooth? rauh oder glatt?
round Runde.

Score Rechnung.
what is the score? wie steht die Rechnung? wie steht das Spiel, wie steht's?
scratch Normalklasse, Klasse 0.
to scratch streichen (scratched gestrichen).
second-bounce zweimal auf; zweiter Aufsprung, Aufschlag.

to serve aufschlagen, anschlagen.
server Aufschläger, Anschläger.
service Aufschlag, Anschlag.
service-line Auf=(An=)schlagslinie.
service-side-line Auf=(An=)schlagsseitenlinie.
your service Sie schlagen auf (an), Ihr Auf=(An=)schlag.
underhand-twist-service Tiefauf=(an=)schlag mit Drehball.
set Partie.
side Seite, Flanke.
side-line Seitenlinie.
single-handed game Einzelspiel.
single-court Einzelspielfeld.
smash Gewaltschlag.
striker-out Rückschläger.
stroke Schlag.

Thirty dreißig.
three-handed game Spiel zu dreien.
to toss auslosen, ausraten.
touched berührt.

Umpire Schiedsrichter.
underhand-service Tiefauf=(an=)schlag.
underhand-twist-service Tiefauf=(an=)schlag mit Drehball.
up gut (not up tot).

Volley Flugschlag.

Walk-over (abgekürzt w. o.) Übertragung eines Spielers auf die nächste Runde.

Aufruf
des
Allgemeinen Deutschen Sprachvereins.

Durch unser Volk geht eine von Tag zu Tag wachsende Bewegung. Der Deutsche, der mit berechtigtem Stolze sein Vaterland aus früherer Schmach hoch emporgehoben sieht, empfindet mehr und mehr Unwillen darüber, daß seine Sprache immer noch die Spuren jener Erniedrigung an sich trägt. In jedem Zeitungsblatte, jedem Buche, das wir zur Hand nehmen, in der Sprache der Behörden, selbst in der gewöhnlichen Geschäftssprache bis auf die alltäglichen Anzeigen hinab, stoßen wir auf zahlreiche entbehrliche Fremdwörter, Überreste einer — Gott sei Dank! — hinter uns liegenden Zeit, in welcher der deutsche Geist in den Fesseln des Auslandes lag, in welcher die Gelehrten Lateinisch schrieben, die vornehmen Stände aber französischer Sitte und Sprache huldigten und sich ihrer Muttersprache schämten. Man hat die Zahl der Fremdwörter in unserer Sprache auf 70000 berechnet. Bei manchem Schriftsteller kommt schon auf sieben deutsche Wörter ein fremdes. Die Franzosen spotten über das sogenannte Deutsch, das zum großen Teile aus ihrer Sprache zusammengeplündert sei. Und zu der Unzahl aller Fremdwörter kommen immer wieder neue hinzu, jetzt namentlich aus dem Englischen.

Diese Vorliebe der Deutschen für Fremdausdrücke ist ein Unrecht gegen unsere herrliche Muttersprache, deren reiche Schätze zu Gunsten der fremden Eindringlinge mißachtet werden; sie ist eine Geschmacklosigkeit, denn eine Vermengung verschiedenartiger Bestandteile ist und bleibt unschön, sie ist eine Verführung zu Unklarheit des Denkens und zu Fehlern gegen die Sprachrichtigkeit, sie ist eine Unbilligkeit gegen diejenigen unserer Volksgenossen, die fremder Sprachen nicht kundig sind.

Aber nicht nur gegen die Reinheit der Sprache wird gesündigt. In Rede und Schrift begegnen uns allenthalben Fehler gegen die Regeln unserer Sprache, Verstöße gegen den guten Sprachgebrauch, hier schwülstige Rede, langatmige Satzgefüge, dort veraltete Ausdrücke, platte Modewörter, unberechtigte mundartliche Eigenheiten; auf der einen Seite Regellosigkeit, die sich an kein Sprachgesetz bindet, auf der anderen Seite kleinlicher Regelzwang, der die Freiheit der Sprache einschränken möchte.

Den Kampf gegen alle diese Mißbräuche hat der Allgemeine Deutsche Sprachverein aufgenommen. Im Jahre 1885 von Herman Riegel in Braunschweig gegründet[*] und in achtjähriger, aufopferungsreicher Thätigkeit ausgebaut, umfaßt er gegenwärtig 211 Zweigvereine in allen Teilen Deutschlands und Österreichs, sowie im Auslande; seine Mitgliederzahl beläuft sich auf mehr als 15000. Er ist nicht ein Gelehrten-Verein. Er wendet sich an das ganze Volk, an jeden Deutschen, der mit Unwillen sieht, wie seine schöne, reiche Muttersprache mißhandelt wird.

Sein Ziel ist nach den Satzungen:
„den echten Geist und das eigentümliche Wesen der deutschen Sprache zu pflegen,

Liebe und Verständnis für die Muttersprache zu wecken, den Sinn für ihre Reinheit, Richtigkeit, Deutlichkeit und Schönheit zu beleben,

ihre Reinigung von unnötigen fremden Bestandteilen zu fördern und

auf diese Weise das nationale Bewußtsein im deutschen Volke zu kräftigen."

Der Allgemeine Deutsche Sprachverein bekämpft nicht unterschiedslos alle fremden Ausdrücke; mit Besonnenheit und Mäßigung folgt er dem Wahlspruche seines Gründers:

„Kein Fremdwort für das, was deutsch gut ausgedrückt werden kann!"

---

[*] Den Anstoß dazu gaben zwei Schriften Herman Riegels: Ein Hauptstück von unserer Muttersprache. Mahnruf an alle national-gesinnten Deutschen, Leipzig 1883 (2. Aufl. Braunschweig 1888), und Der Allgemeine Deutsche Sprachverein, Heilbronn 1885.

Neben dem Kampfe gegen die entbehrlichen Fremdwörter, dessen wissenschaftliches Rüstzeug seine Verdeutschungsbücher bilden, sucht er in seiner Zeitschrift und in andern Drucksachen durch volkstümlich geschriebene Aufsätze über sprachliche Fragen das Verständnis unserer Sprache zu fördern und weiteren Kreisen zu erschließen. Allen staatlichen und kirchlichen Parteibestrebungen fernstehend verfolgt er das echte vaterländische Ziel, durch Schärfung des sprachlichen Gewissens die Liebe zu unserm Volkstum zu beleben und zu kräftigen.

Der Ruf nach Reinigung der deutschen Sprache von entbehrlichen Fremdwörtern ist nicht ungehört verhallt. Im Post= und Eisenbahnwesen, in der Heeresverwaltung, in der Gesetzgebung sind bedeutende Erfolge errungen. Das neue Bürgerliche Gesetzbuch für das deutsche Reich ist in rein deutscher Sprache abgefaßt. In der Sprache der Wissenschaft und der Presse ist ein Fortschritt zum Besseren nicht zu verkennen. In den Regierungskreisen finden unsere Bestrebungen dankenswerte Förderung. Der deutsche Kaiser selbst geht mit leuchtendem Beispiele voran. Auf der kaiserlichen Tafel werden seit dem Jahre 1888 nur deutsche Speisekarten aufgelegt. Der jüngste, mit Jubel begrüßte Erlaß unsres Kaisers über die Beseitigung gewisser Fremdausdrücke in der Heeressprache beginnt mit den Worten: „Um die Reinheit der Sprache in Meinem Heere zu fördern."

Aber wenn auch manches besser geworden ist, so giebt es doch noch viel zu thun. Noch immer giebt es nicht wenige Deutsche, die in dem Gebrauche von Fremdwörtern ein Zeichen seiner Bildung sehen. Noch immer wurzelt tief im Herzen des deutschen Volkes der alte Erbfehler der Ausländerei, die von dem Fürsten Bismarck oft so bitter gerügte Vorliebe für alles Fremde, für alles, was „weither ist". Trotz unserer Siege über die Welschen ist das Welschtum im deutschen Volke noch in üppiger Blüte. Gegen dieses Welschtum kämpft der Allgemeine Deutsche Sprachverein. Aber ein solcher Kampf wird nicht in raschem Siegeslaufe mit fliegenden Fahnen ausgefochten; dazu bedarf es langer Zeit, zäher Ausdauer, aufopfernder Unterstützung von allen Seiten. Ja alle, die ein Herz für ihre Muttersprache haben, sollen Mitstreiter sein in diesem heiligen Kriege, jung und alt, hoch und niedrig, Männer und Frauen — „wir alle sollen Hüter sein!"

Jeder Deutsche, der seine Muttersprache als ein köstliches Kleinod seines Volkstums betrachtet, wird gebeten, unserm Vereine als Mitglied beizutreten. Er wird dadurch nicht nur selbst immer neue Anregungen erhalten, sondern auch für sein Teil dazu beitragen, daß eine edle vaterländische Sache gefördert wird. Denn nur durch das Zusammenwirken vieler kann etwas Nachhaltiges geschaffen werden.

„Vereinte Kraft Großes schafft."

Berlin, 1899.

Der Gesamtvorstand des Allgemeinen Deutschen Sprachvereins.

Friedhelm Schöning, Kgl. Preuß. Oberst a. D., Dresden=Plauen, Hohe Straße 33, Vorsitzender.

Hugo Häpe, Geheimer Rat a. D., Dresden, Chemnitzer Straße 3, stellvertretender Vorsitzender.

Dr. Paul Pietsch, Professor an der Universität Greifswald, z. Z. Berlin W 30, Motzstraße 12, Schriftführer.

Otto Sarrazin, Geheimer Ober-Baurat und vortragender Rat im Kgl. Preuß. Ministerium der öffentlichen Arbeiten, Berlin=Friedenau, Kaiserallee 82, stellvertretender Schriftführer.

Ferdinand Berggold, Verlagsbuchhändler, Berlin W 30, Motzstraße 78, Schatzmeister.

Wilhelm Launhardt, Geheimer Regierungsrat und Professor an der Technischen Hochschule, Mitglied des Herrenhauses, Hannover, Welfengarten 1, Beisitzer des ständigen Ausschusses.

Dr. Günther A. Saalfeld, Gymnasial=Oberlehrer a. D., Berlin-Friedenau, Sponholzstraße 11, Leiter des Werbeamtes.

Geheimer Hofrat Professor Dr. Otto Behaghel, Gießen. — Oberpräsident a. D. Dr. R. v. Bennigsen, Exzellenz, Bennigsen. — Universitäts=Professor Dr. Oskar Brenner, Würzburg. — Landgerichtsrat Karl Bruns, Torgau. — Herzogl. Braunschw. Wirkl. Geheimer Rat und Gesandter Freiherr v. Cramm-Burgdorf, Exzellenz, Berlin.

— Gymnasial-Professor Dr. Hermann Dunger, Konrektor, Dresden. — Kaufmann F. W. Eitzen, Hamburg. — Gymnasial-Rektor Karl Erbe, Ludwigsburg. — Geheimer Medizinalrat Prof. Dr. med. v. Esmarch, Exzellenz, Kiel. — Dr. jur. Fr. Hammacher, Reichstags- und Landtags-Abgeordneter, Berlin. — Professor Dr. Paul Hoffmann v. Wellenhof, Reichsrats-Abgeordneter, Graz. — Christian Kraft Fürst zu Hohenlohe-Öhringen, Herzog v. Ujest, Durchlaucht, Slawentzitz. — Oberstleutnant a. D. Dr. Max Jähns, Berlin. — Geheimer Staatsarchivar Archivrat Dr. Ludwig Keller, Charlottenburg. — Gymnasial-Professor Dr. Ferdinand Khull, Graz. — Universitäts-Professor Dr. Friedr. Kluge, Freiburg i. Br. — Geheimer Ober-Regierungsrat Dr. Köpke, vortragender Rat im Kultusministerium, Berlin. — Geheimer Hofrat Dr. Wilh. Lauser, Leiter der Norddeutschen Allgemeinen Zeitung, Berlin. — Oberbibliothekar Dr. Edward Lohmeyer, Kassel. — Bankherr Karl Magnus, Braunschweig. — Oberlehrer Dr. Theodor Matthias, Zittau. — Eisenbahndirektions-Präsident a. D. v. Mühlenfels, Berlin. — Geh. Hofrat Professor Dr. Herman Riegel, Museumsdirektor, Braunschweig. — Oberlandesgerichts-rat Scheerbarth, Köln. — Schriftleiter Karl Sedlak, Wien. — Augustin Trapet, Ehrenbreitstein. — Universitäts-Professor Dr. Wackernell, Innsbruck. — Oberlehrer Friedrich Wappenhans, Gr.-Lichterfelde b. Berlin. — Dr. J. Ernst Wülfing, Privatgelehrter, Bonn.

Ehrenmitglieder:

Se. Exzellenz der Staatssekretär Dr. Heinrich von Stephan in Berlin, erwählt am 7. Oktober 1887 (†).
Baumeister Lüder Rutenberg in Bremen, erwählt am 22. Februar 1890 (†).
Geh. Hofrat Prof. Dr. Herman Riegel, Museumsdirektor in Braunschweig, erwählt am 8. Oktober 1893.
Se. Durchlaucht Fürst Otto von Bismarck, Herzog von Lauenburg, erwählt am 1. April 1895 (†).
Oberstleutnant a. D. Dr. Max Jähns, erwählt am 2. Oktober 1898.

Insgesamt im Oktober 1899: 211 Zweigvereine.
Die Gesamtzahl der Mitglieder beträgt im Oktober 1899 rund 15 200.

Beitritt zum Allgemeinen Deutschen Sprachverein und Bezug der Veröffentlichungen des Vereins.

Neugebildete Zweigvereine werden gebeten, ihren Beitritt zum Gesamtverein beim Vorsitzenden Oberst a. D. Schöning, Dresden-Plauen, Hohe Straße 33, anzumelden.

Der Beitritt einzelner Mitglieder zum Vereine kann erfolgen:

1. durch Anmeldung als Mitglied bei einem Zweigverein. Die Vorsitzenden nehmen die Anmeldung entgegen. Der Jahresbeitrag beträgt in der Regel nicht über 3 Mark. Die Mitglieder nehmen teil an den Versammlungen, Vorträgen, Besprechungen usw. des Zweigvereins und erhalten kostenlos durch den Zweigverein zugesandt:

die Zeitschrift des Allgemeinen Deutschen Sprachvereins (12 Monatsnummern im Jahre),
die „wissenschaftlichen Beihefte" (meist zwei im Jahre),
sowie sonstige Veröffentlichungen des Vereins;

2. durch Anmeldung als „unmittelbares Mitglied des Allgemeinen Deutschen Sprachvereins". Die Anmeldung erfolgt bei dem Schatzmeister des Vereins, Herrn Verlagsbuchhändler Ferdinand Berggold, Berlin W 30, Motzstraße 78. Der Jahresbeitrag beträgt 3 Mark. Viele unmittelbare Mitglieder zahlen zur Förderung der Sache freiwillig mehr. Das unmittelbare Mitglied erhält durch den Schatzmeister die Veröffentlichungen des Vereins kostenlos zugesandt.

3. Behörden, Körperschaften, Anstalten, Schulen, Vereine usw., welche die Bestrebungen des Allgemeinen Deutschen Sprachvereins fördern wollen, aber Anstand nehmen müssen, dem Vereine als Mitglieder förmlich beizutreten, können die genannten Veröffentlichungen gegen den Jahresbeitrag von mindestens 3 Mark vom Schatzmeister Ferdinand Berggold unmittelbar beziehen.

4. Der gleiche Bezug kann durch Vermittelung jeder Buchhandlung erfolgen.

Durch die **Verlagshandlung des Allgemeinen Deutschen Sprachvereins**
F. Berggold, Berlin W. 30, Mohstraße 78,
und durch alle Buchhandlungen können nachstehende Veröffentlichungen zu folgenden
Preisen bezogen werden:

Ein Jahrgang der Zeitschrift:

1886/87 = ℳ 6, 1888—1891 = je ℳ 3, 1892—1899 = je ℳ 2.
Die einzelne Nummer der Zeitschrift ℳ 0,30.

Die wissenschaftlichen Beihefte:

Heft I—XI je ℳ 0,50, Heft XII/XIII ℳ 1,60, Heft XIV, XV ℳ 1, Heft XVI ℳ 0,50.

Die Verdeutschungsbücher:

I. Die Speisekarte (3. verbesserte Auflage), ℳ 0,50.
II. Der Handel (2. sehr vermehrte Auflage), ℳ 0,60.
III. Das häusliche und gesellschaftliche Leben, ℳ 0,60.
IV. Das deutsche Namenbüchlein, ℳ 0,60.
V. Die Amtssprache (5. Auflage, 27. bis 28. Tausend), ℳ 0,80.
VI. Das Berg- und Hüttenwesen, ℳ 0,50.
VII. Die Schule, ℳ 0,80.
VIII. Die Heilkunde (2. Auflage), ℳ 0,60.
IX. Tonkunst, Bühnenwesen und Tanz, ℳ 0,60.

Andere Veröffentlichungen:

Erler, Julius, Die Sprache des neuen Bürgerlichen Gesetzbuches, ℳ 0,50.
Schrader, Otto, Vom neuen Reiche, ℳ 0,60.
Meigen, Dr. Wilhelm, Die deutschen Pflanzennamen. Vom Allgemeinen Deutschen
  Sprachverein durch den ersten Preis ausgezeichnet. ℳ 1,60.
Der deutschen Sprache Ehrenkranz geh. ℳ 2,40; geb. ℳ 3.
Zöllner, Friedrich, Einrichtung und Verfassung der Fruchtbringenden Ge-
  sellschaft. ℳ 1,80.

Abzüge dieses Aufrufs und der Satzungen, sowie Probenummern der Zeitschrift stehen auf Anfordern beim Schatzmeister unentgeltlich zur Verfügung.

Als **Werbemittel** werden empfohlen und auf Anfordern portofrei vom Schatzmeister versandt:

1. Postkarten mit dem künstlerisch ausgestatteten Wahlspruche des Vereins.
2. Mappen zur Aufbewahrung der Zeitschrift.
3. Wahlspruchtafeln für Vereinszimmer, Gasthöfe usw.
4. Tennistafeln mit den Verdeutschungen der Spielausdrücke.
5. Gasthoflisten, d. h. Verzeichnisse der Gasthöfe und Wirtschaften, deren Besitzer sich unsern Bestrebungen angeschlossen haben.
6. Werbekarten.
7. Briefbogen mit dem Wahlspruche des Vereins, 100 Stück ℳ 1,20.

Halle a. S., Buchdruckerei des Waisenhauses.

Erfolgreiche Verdeutschungen.

Vortrag,

gehalten am 15. November beim Stiftungsfeste

des

Hallischen Deutschen Sprachvereines

von

Dr. Karl Schulz.

Halle a. S.,
Verlag von Chr. Graeger.
1889.

Durch

und b

Heft I—

    I.
    II.
    III.
    IV.
    V.
    VI.
    VII.
    VIII.
    IX.

Erler, Ju
Schrader,
Meigen,

Der deut
Zöllner,

    Al
stehen auf
    Al
versandt:
  1.
  2.
  3.
  4

hungen angeschlossen haben.

dem Wahlspruche des Vereins, 100 Stück ℳ 1,20.

Halle a. S., Buchdruckerei des Waisenhauses.